親子で楽しむ！

思い出アートデコレーション

あずまかおる

北辰堂出版

チラシ裏の子供の落書き
散歩で拾った木の枝
撮りっぱなしのデジカメ画像

家の中には
素敵な素敵な宝物が
いっぱい溢れているんです。

そんなキラキラの宝物を
もっともっとキラキラにするための本。

ぶきっちょさんでも大丈夫。
ミシンや針などは使わず
ボンドやノリを使うので
親子でいっしょに作れる物がいっぱい。

家族が増えれば思い出も増える。
だからそんな大切な思い出を
素敵に残しましょう。

あずまかおる

ボアひつじのかべかざり

あかちゃんのやわらかいほっぺや豊かな表情。見ていてほんわか暖かくなるような写真は、かたいアルバムに入れるよりも布のフォトアートがにあいます。

ひつじのかべかけ

むずかしさ ★☆☆☆☆

ひつようなもの

- 台紙用画用紙
- 布
- バイヤステープ
- 毛足の長い布（ボアやタオル）
- かざり紙（大）
- フェルト（グレー）
- のり
- ボンド
- はさみ
- 写真や絵
- かざり紙（小）

ひとことメモ

のりとはさみを使った簡単でかわいいかべかけ。台紙に巻く布を変えればちがったイメージになります。

1

① 布のうら面にボンドで台紙をはる。はみ出た布をはさみで切る。

② 台紙に合わせたバイヤステープを表と裏をはさむようにしてボンドではる。

2

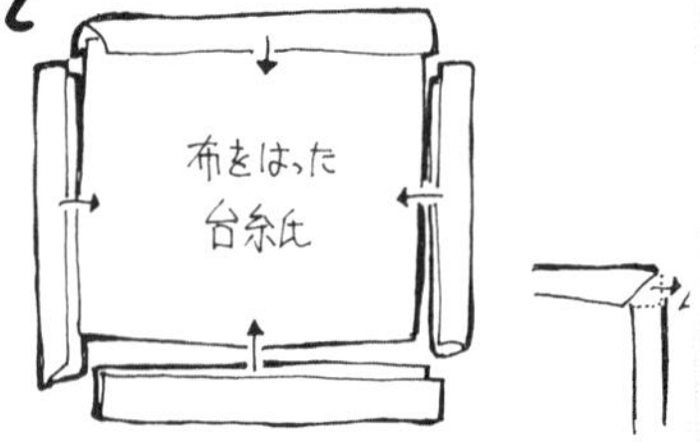

3

③ 次ページの型紙を使って毛足の長い布で体を、グレーのフェルトで顔と手足を作っておく。

④ かざり紙(小)を写真(絵)から少しはみ出る長さに切る。

4

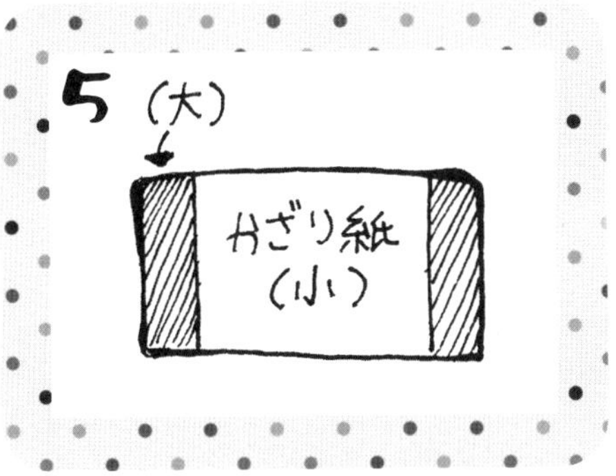

⑤ かざり紙（大）を（小）と同じ高さで、（小）より少し長く切り、のりで（大）と（小）をはりつける。

⑥ ⑤の中心に写真（絵）をのりでつける。

⑦ 作品とひつじをバランスを見ながらボンドで接着してゆく。

⑧ 残ったバイヤステープで取手を作り、ボンドでしっかりとめたらできあがり。

ひつじの型紙

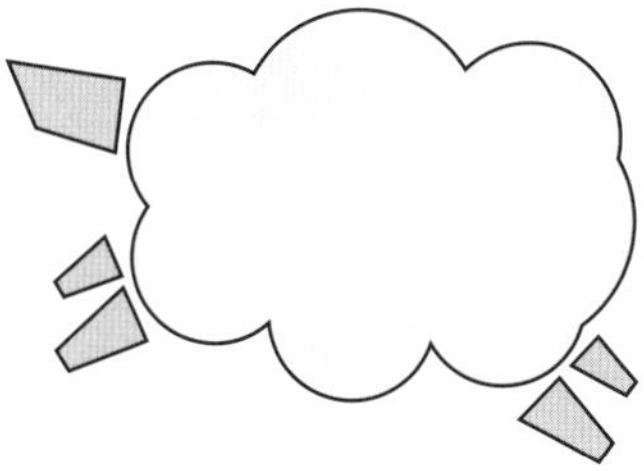

※デコレーションする場所の大きさに合わせてコピーしてください。

はぎれで作るフォトデコレーション

おさいほうの授業であまった布のはじっこ。お気に入りだったブラウス……身近にあるあまり布で作る、かわいいフォトデコレーション。

パッチワークのかべかけ

むずかしさ ★★☆☆☆

ひつようなもの

- 大きめの画用紙（台紙用）
- あまり布　5～6種
- ボンド
- ふち用レース
- フェルト
- はさみ
- 写真いろいろ

ひとことメモ

パッチワークは手間がかかる…そんな思いを吹き飛ばす簡単な作り。針を使用しないので小さなお子様でも一緒に作れます。

1

① 画用紙の上に布をおき、おおまかなデザインを考える。

② デザインが決まったら布を使用する大きさよりもひとまわり大きく切る。

2

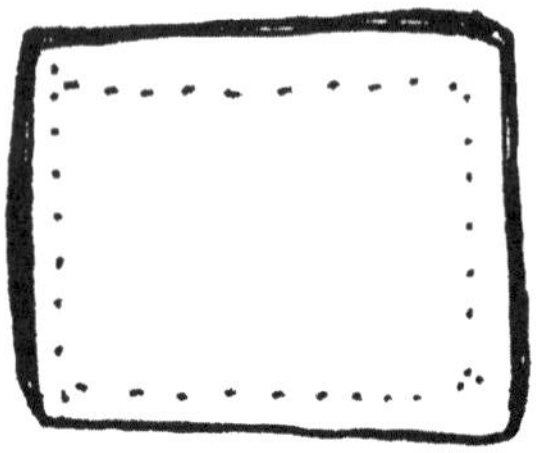

3

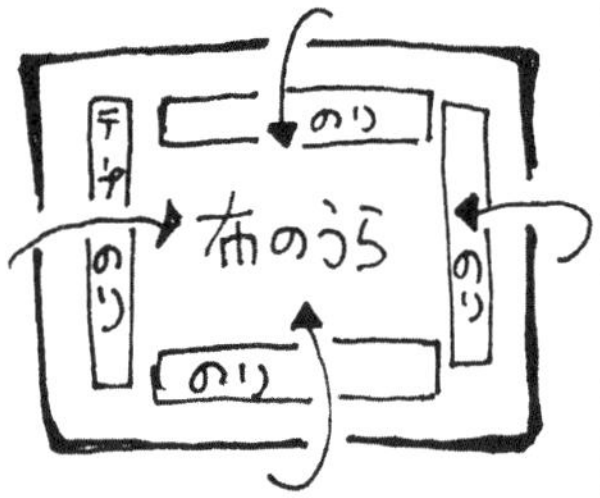

③ はしがほつれないようにうら返して折り込み、ボンドでとめる。

④ 布ができたら、①で決めたデザインにしたがって台紙にボンドではりこむ。

4

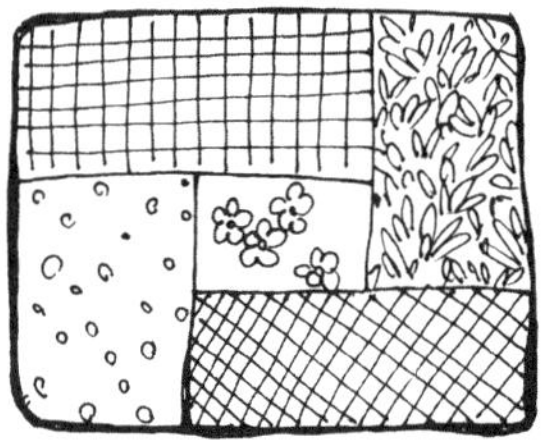

5

⑤ 台紙のまわりをレースでかざり、ボンドでとめる。

⑥ レースは切らずに長いままで使い、四スミは台紙からはみ出して、三角にたたむ感じに作る。

6

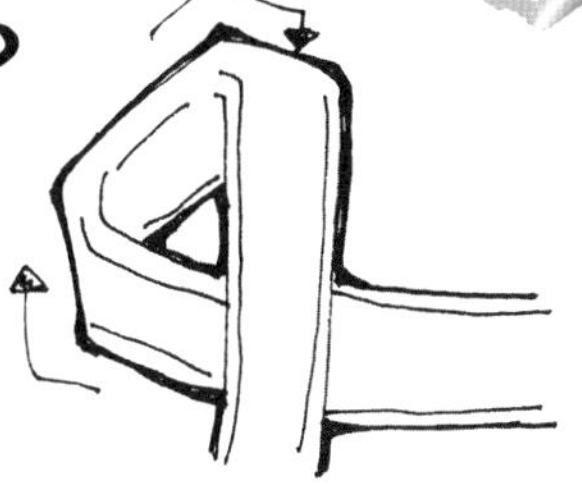

7

⑦ 使う写真を切りぬく。カラーコピーしたものでもよい。

⑧ ⑦をバランスを見ながらボンドではりこんでゆく。

8

9

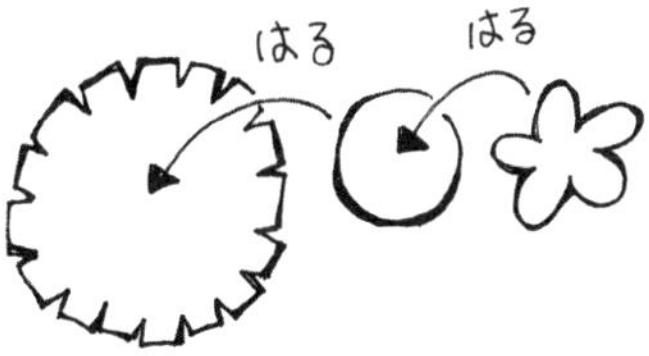

⑨ 型紙どおりにフェルトを切りぬき、3つを合わせる。

⑩ フェルトの花を空いているところへボンドではりこみ、できあがり。

10

おはなの型紙

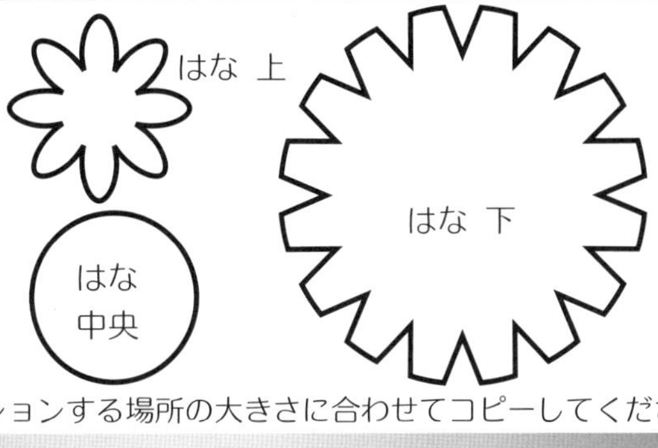

※デコレーションする場所の大きさに合わせてコピーしてください。

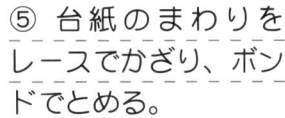

日用品でおしゃれにかざる

麻ひもでいろどられたアジアンテイストなかべかけ。実はこれ、100円ショップで売っている魚焼きのアミに麻ひもを巻いただけのもの。
身近なものでもこんなにかわいく作れるんです。

WHITE
PEPPER
GROUND
MUNTOK

金属アミと麻ひものデコレーション

むずかしさ ★☆☆☆☆

ひつようなもの

- 魚焼き用金属アミ
- 麻ひも
- 写真
- 洗濯ばさみ（小）
- ボンド
- セロテープ

ひとことメモ

根気は必要ですが、とても簡単にかわいいものが作れます。単純作業が好きなお子さんに向いています。

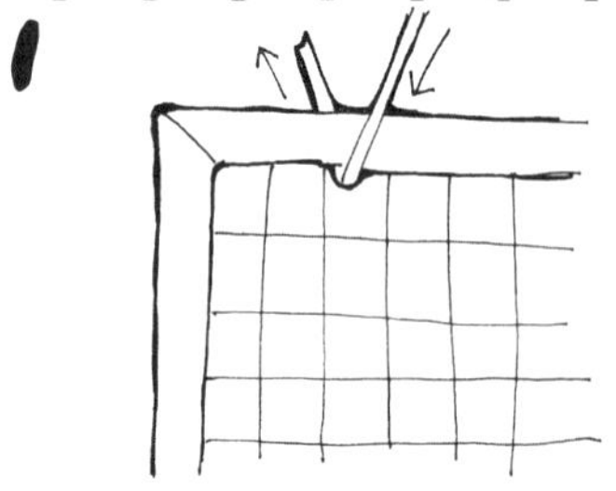

① 麻ひもを 30cm に切りアミのはしに通す。

② ひものはしをセロテープでとめておく。

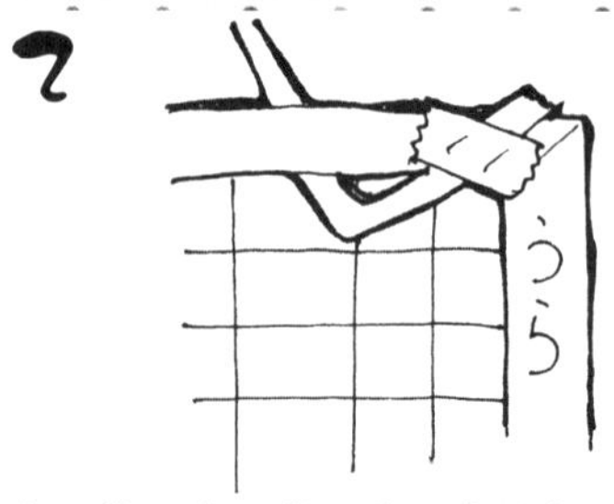

③ アミ目の向こうがわから手前にひっぱり出す。

④ ③をくり返して、すすんでゆく。

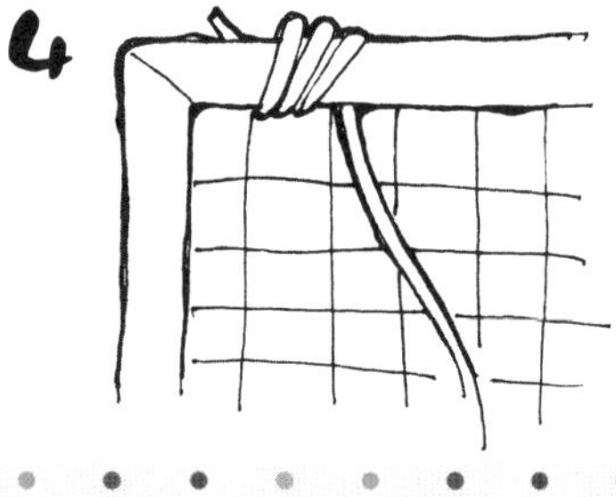

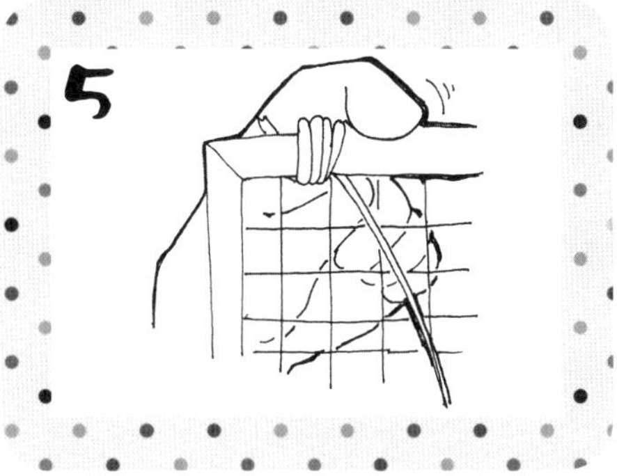

⑤ ときどき指で巻き目をととのえる。

⑥ ピンセットを使って手前にひっぱるとかんたんにできる。

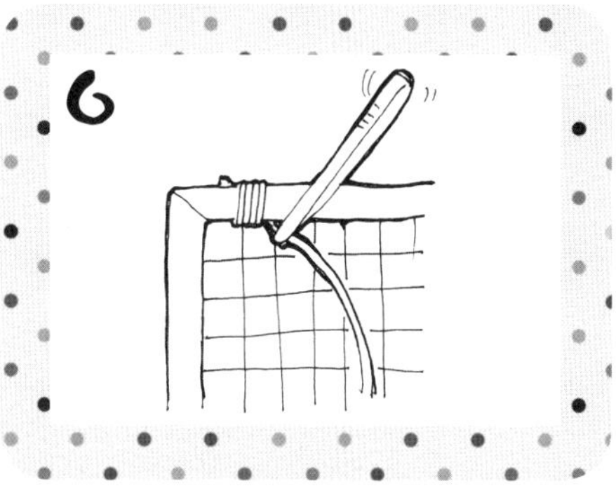

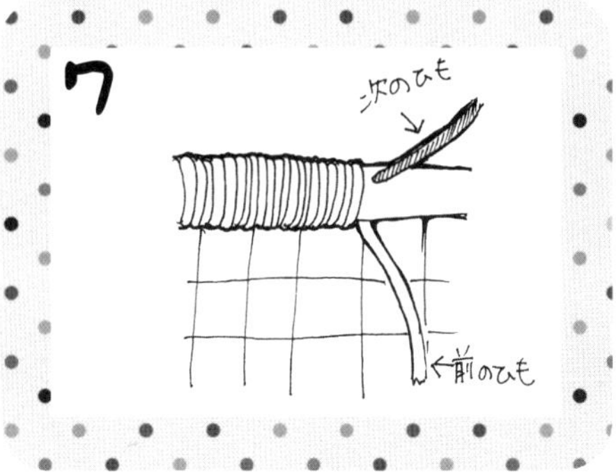

⑦ ひもが短くなってきたら次のひもを用意する。

⑧ 次のひものはしをまき込みながら巻いてゆく。

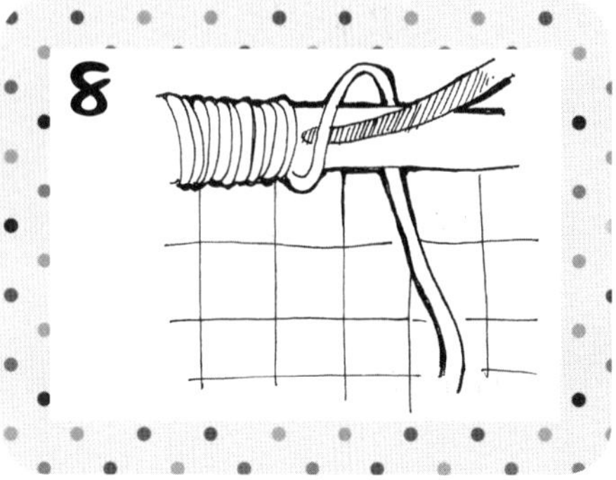

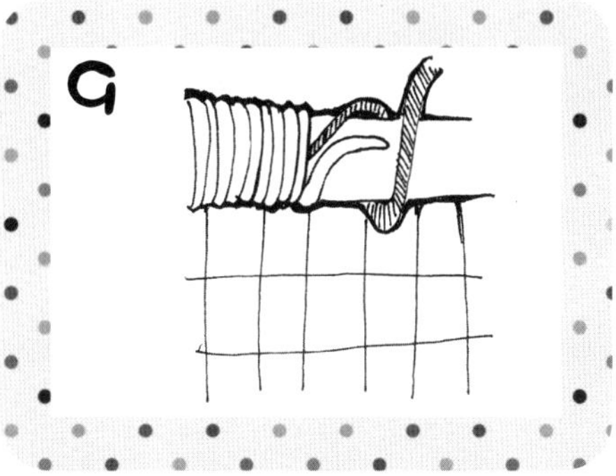

⑨ 今までのひもが巻きおわったら、はしをまきこみながら、次のひもを同じように巻いてゆく。

⑩ 巻き終わりは短く切り、ボンドでとめる。

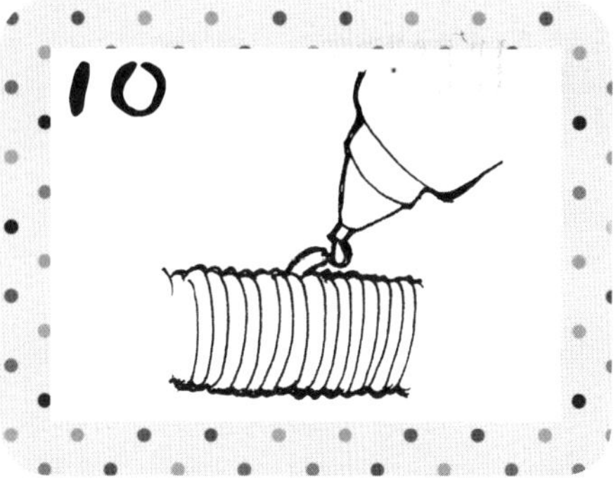

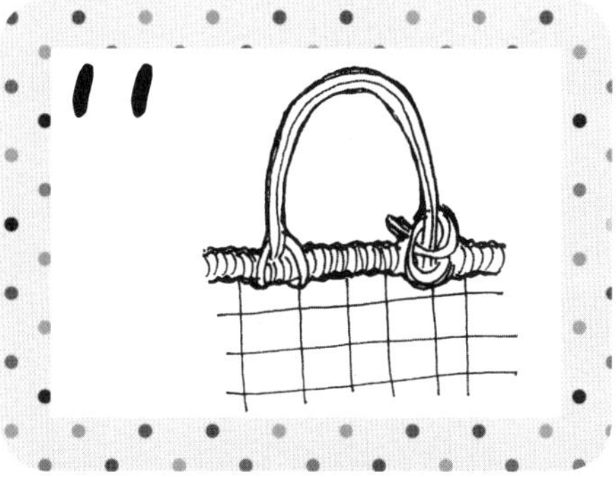

⑪ かべにかけられるようにひもをつける（つけ方はP20「枝の額」参照）。

⑫好きな写真を洗濯ばさみではさんで、できあがり。

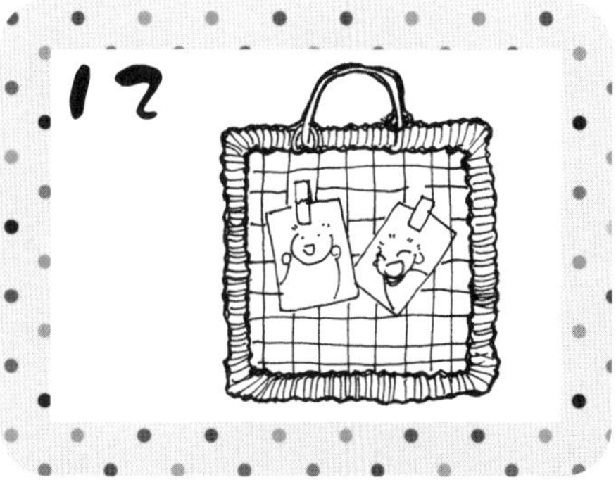

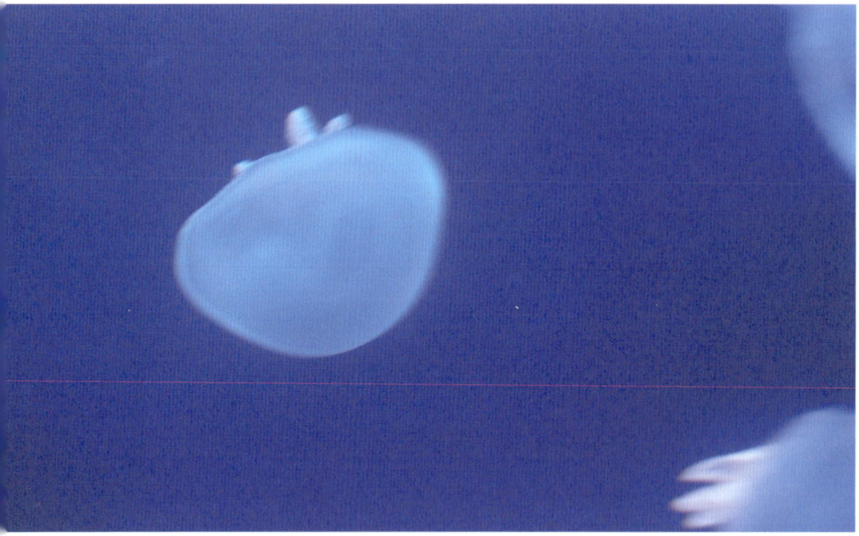

手軽に作れるエコフォトスタンド

家の中でもよく目にする段ボール。
これもちょっと手をくわえると、すてきな写真かざりに早がわり。
カッターを使うので、お父さん・お母さんと一緒に作りましょう。

段ボールのエコデコレーション

むずかしさ ★★☆☆☆

ひつようなもの

- ダンボール２枚
- カッター
- ボンド
- セロテープ
- 写真
- えんぴつ
- マスキングテープ

ひとことメモ

難易度は高くありませんが、カッターを使うので必ず大人の人が一緒に作って下さい。

1

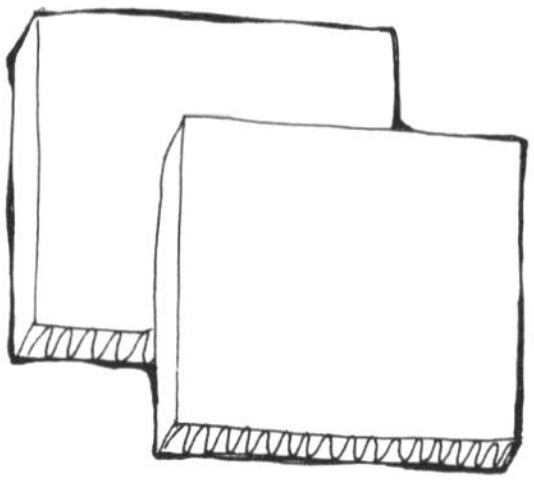

① 入れたい作品よりも大きなダンボールを２枚用意する。

② ダンボールに写真をのせてえんぴつで型をとる。

2

3

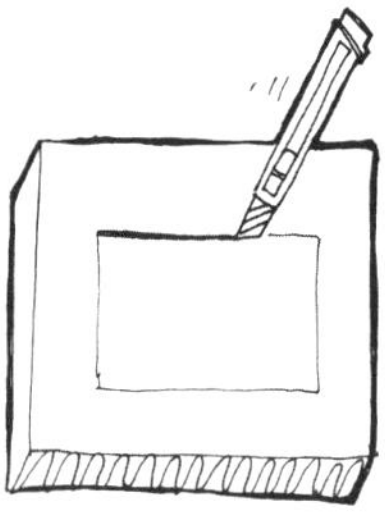

③ 型にそってカッターで窓をあける。

④ もう１枚のダンボールを下にしき、窓の型をとる。

4

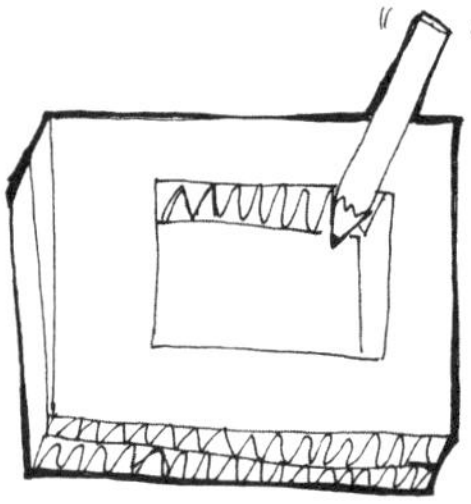

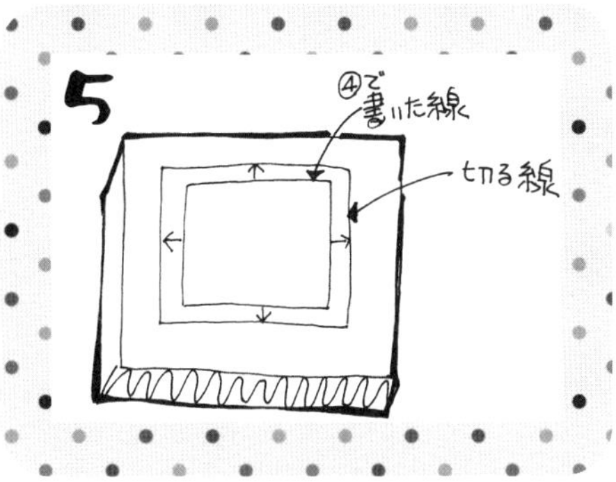

⑤ 書いた線より上下左右 1 cm ずつ大きくする。

⑥ 線にそってカッターで窓をあける。

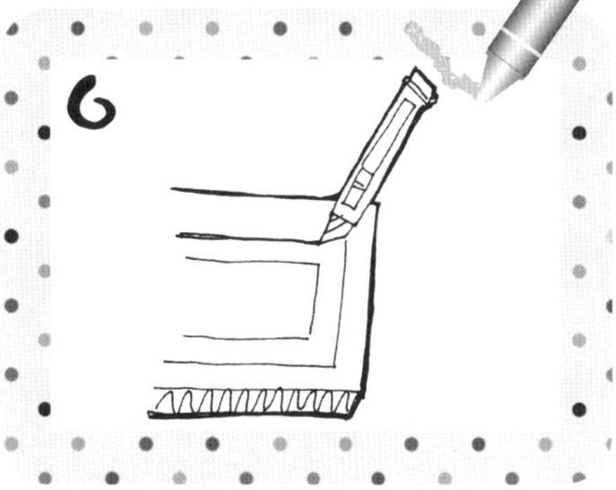

⑦ 窓の小さな方のダンボールの 1 番上の紙をていねいにはがす。

⑧ ダンボールのなみなみがきれいに出るように細かい紙もしっかり取りのぞく。

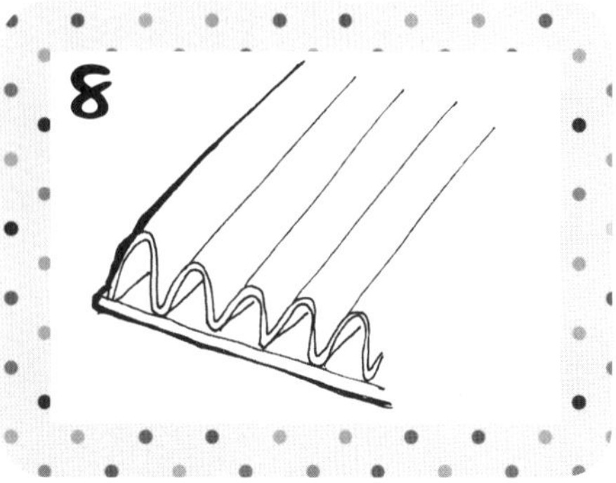

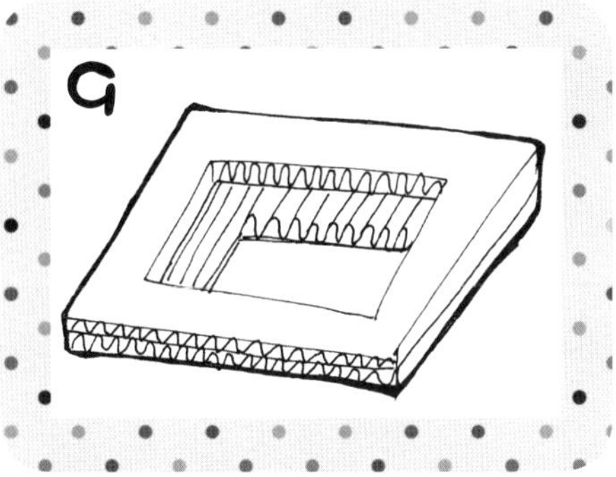

⑨ ⑧のダンボールの上にもう 1 枚のダンボールをのせてボンドでとめる。

⑩ うしろに写真をはりつける。

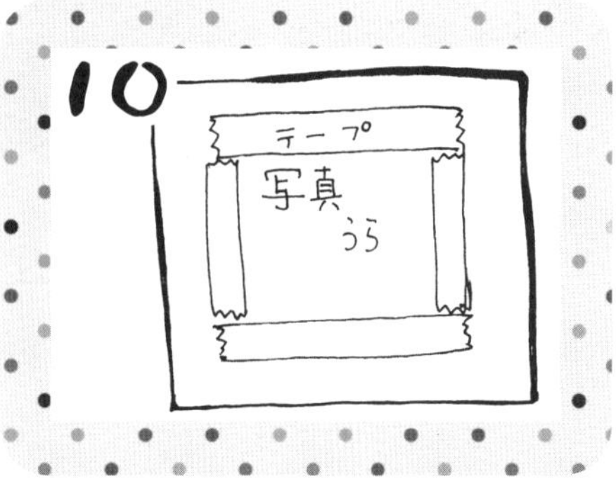

⑪ マスキングテープをまきこむようにはる。

⑫ できあがり。

自然素材のデコアート

キャンプで拾った木の枝も、ただ組み合わせるだけで大変身。
思い出の絵を入れてかざれば、いつでも楽しい記憶がよみがえります。

枝の額

むずかしさ ★★☆☆☆

ひつようなもの

- B4 サイズの硬質カードケース
- 木の枝
- 麻ひも
- B4 サイズの絵や写真
- ホットボンド

ひとことメモ

枝を自分で拾ってきたときは、虫がいる可能性もあるので、前の日までにお湯でしっかり煮て乾かしてから使いましょう。

① 枝の太いところを４本、ケースの長い辺よりも５cm ほど長く切る。

② ケースを横長に置き、上下に①の枝をホットボンドでしっかりつける。

③ 枝の細いところを４本、ケース左右の長さより５cm ほど長く切る。

④ ホットボンドでしっかりとつける。

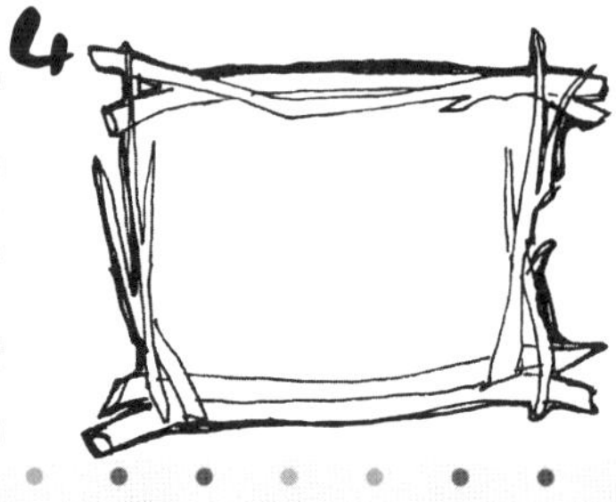

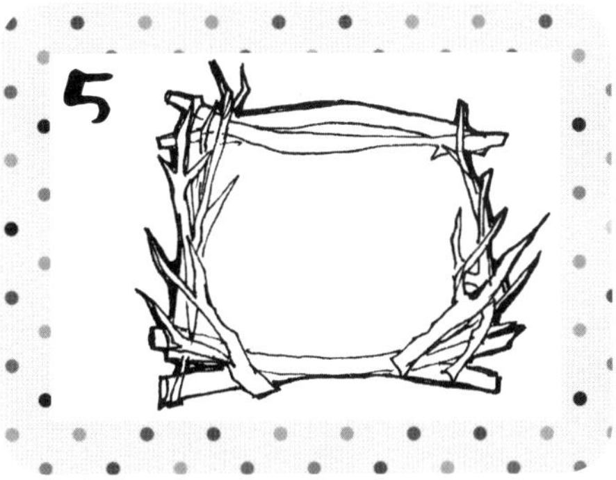

⑤ あまった細かい枝を、左右にランダムにつけていく。

⑥ 1番上のしっかりした枝に、麻ひもを通す。

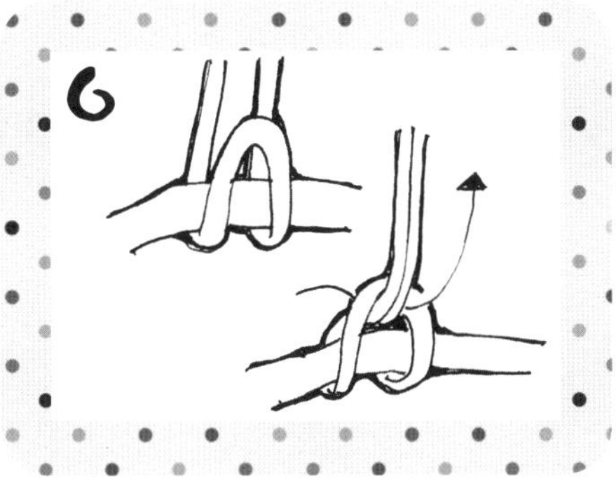

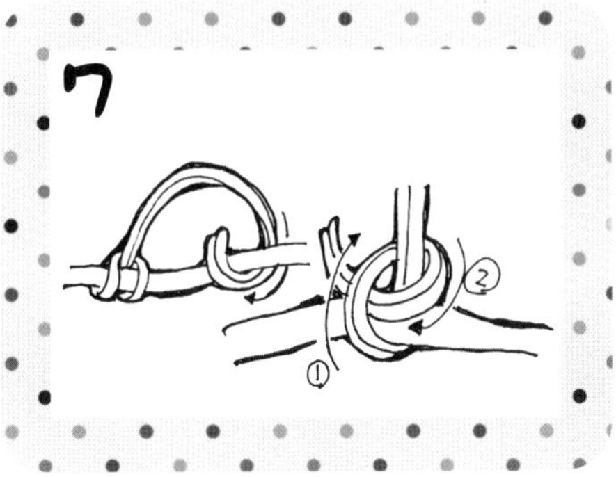

⑦ かべにかけられるようにしておく。

⑧ カードケースに上から作品を入れて、できあがり。

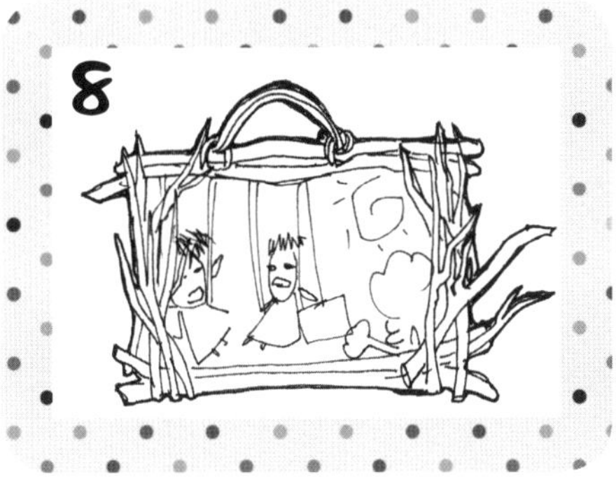

ホットボンド（グルーガン）ってなに？

棒状の樹脂を熱で溶かし、その粘り気と、冷えると固まる性質とで物を接着するのがホットボンド。樹脂（グルー）を溶かす機械が拳銃のような形をしているため、「グルーガン」とも呼ばれており、手芸などで広く用いられています。

使用すると約１分ほどで接着できるので、瞬時に固定する必要があるときは重宝します。

ホットボンドには高温用と低温用がありますが、一般家庭で使用するには低温用で充分です。

低温とはいうものの、熱で溶けたグルーは約 90℃に、ガンの先端部はグルーを溶かすために約 130℃ほどにまで熱くなっています。ホットボンドを使用するときは必ず大人の人と一緒に使い、取り扱いには充分注意してください。

身近なものでゴージャスデコレーション

グラタンやスープにも大活躍のパスタ。
でも、使いきれずにしまっておいたら賞味期限が切れちゃった、
なんてこともしばしば。
そんな、古くなったパスタの活用法をお教えします。

古パスタのゴージャスデコ

むずかしさ ★★☆☆☆

ひつようなもの

- 古くなったパスタ
- カラースプレー
- 大きいビニール袋
- ホットボンド
- 額縁
- マスキングテープ

ひとことメモ

シンプルにそしてゴージャスに！
カラースプレーは銀色を使うとカジュアルな雰囲気になります。

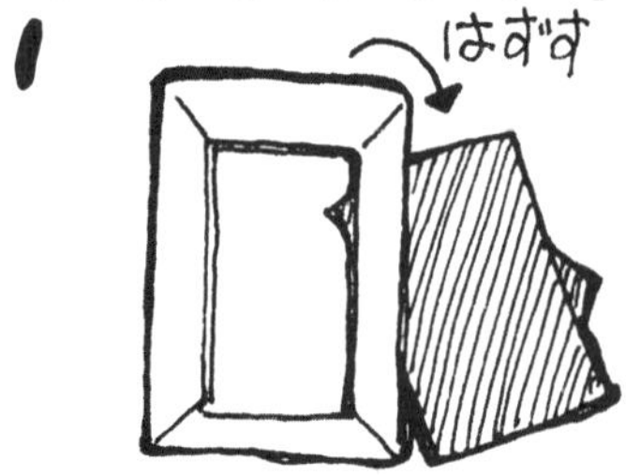

① 額からうしろの板をはずす。

② ビニール袋に額を入れてスプレーする。

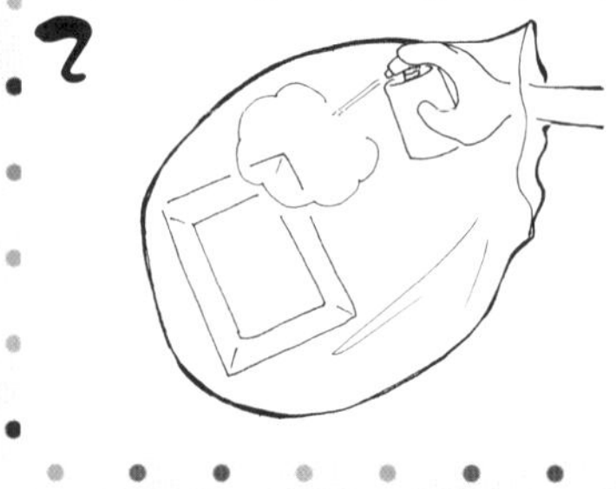

③ しっかりかわかす。

④ ②と同じように古くなったパスタをビニール袋に入れてスプレーする。

⑤ まんべんなく色をつけるため、かわく前に袋ごと軽くもむ。

⑥ しっかりかわかす。

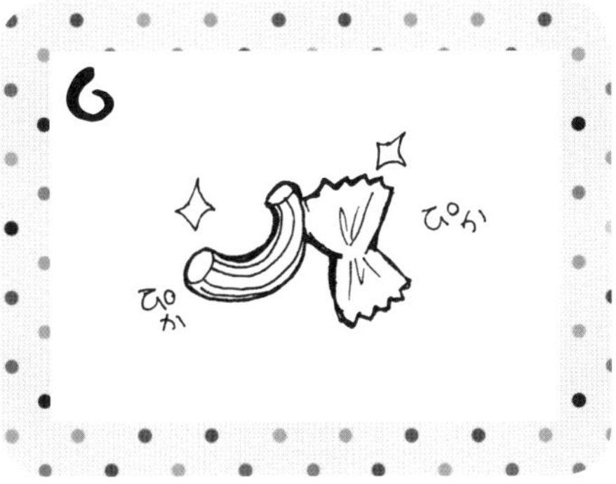

⑦ リボンを２つ重ねてホットボンドでとめる。U字パスタもつなげてホットボンドでとめておく。

⑧ 各パーツができたら、ホットボンドで額につけていく。

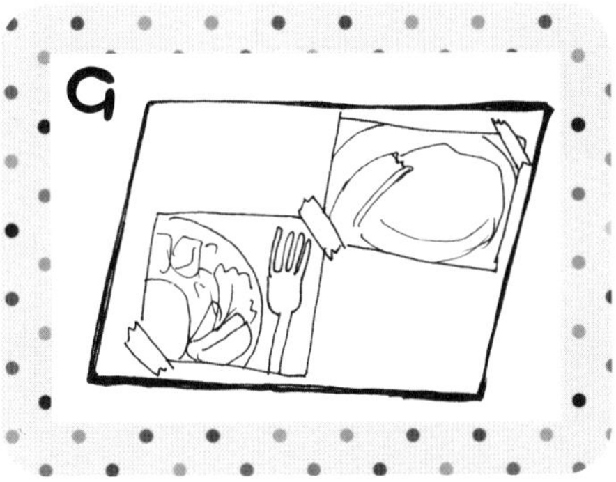

⑨ ①ではずした板にマスキングテープで写真をはる。

⑩ 板をはめこんでできあがり。

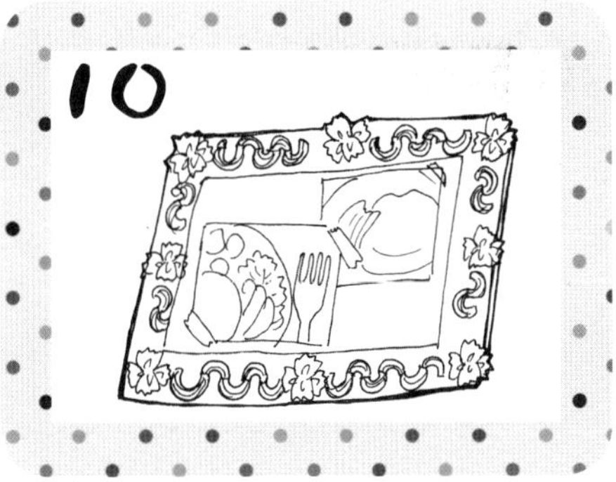

奥行きを生かした立体スタンド

額ぶちのうしろに箱をつけると、平面だった写真の世界に奥行きが生まれます。
思い出の小物もいっしょにかざって、コレクションボックスとしても使えます。

かんたんアートボックス

むずかしさ ★☆☆☆☆

ひつようなもの

- 額縁
- 箱
- 使い古しのタオル
- 布２（柄の入った布）
- かざり紙
- ホットボンド
- 写真
- ボンド
- 台紙（画用紙くらいの厚みの紙）
- はさみ
- なかに入れる小物

ひとことメモ

写真をいつでもかんたんに入れ替えられるスグレモノアートボックス。

1

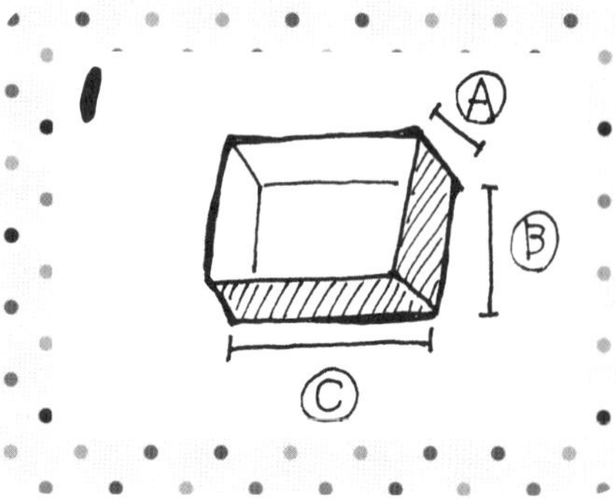

①箱の外側の長さをはかる。

②タオルをＡ×Ｂを２枚Ａ×Ｃを２枚切る。

2

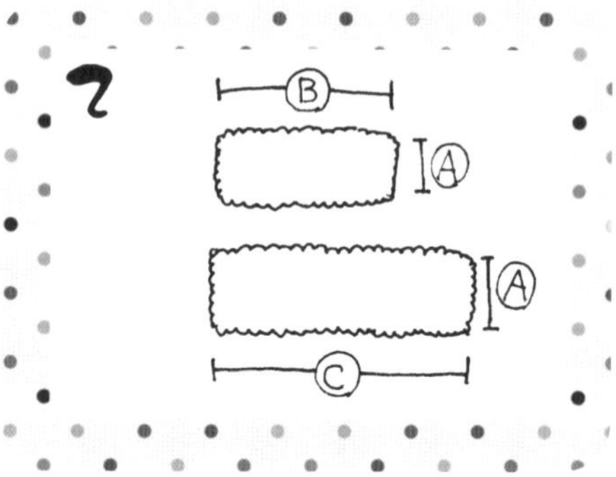

3

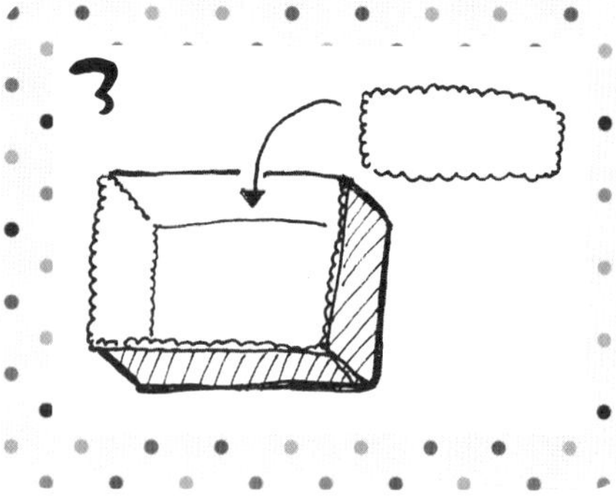

③②で切ったタオルを箱の内側にボンドではる。あまったところをはさみで切ってきれいにする。

④台紙の紙をＢ×Ｃの大きさより５mmずつ小さく切る。

4

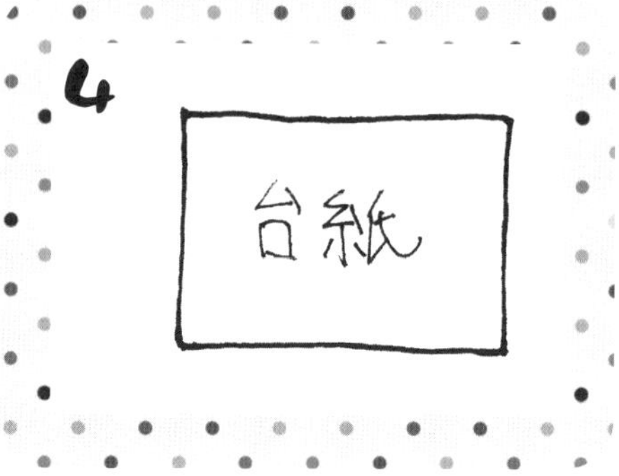

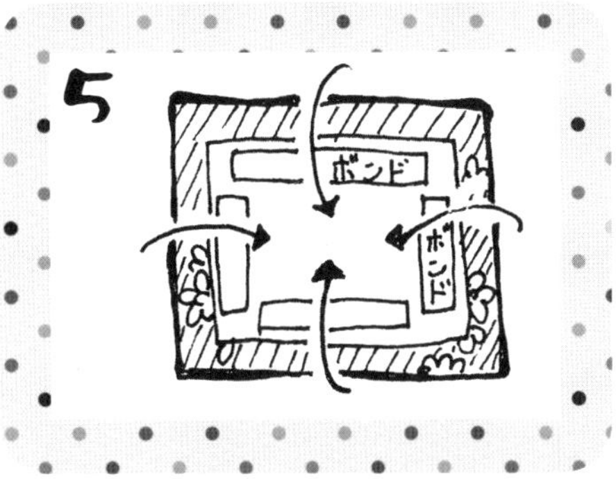

⑤「布2」を台紙よりひとまわり大きく作る。台紙にボンドをつけて布2でくるむようにはりつける。

⑥ 箱の底にボンドをつけて台紙を押し入れる。

⑦ 箱の外側にA×BとA×Cの大きさに切った紙をのりではる。

⑧ 額の後ろの板や写真、ガラスなどをすべてはずしてフチだけにする。

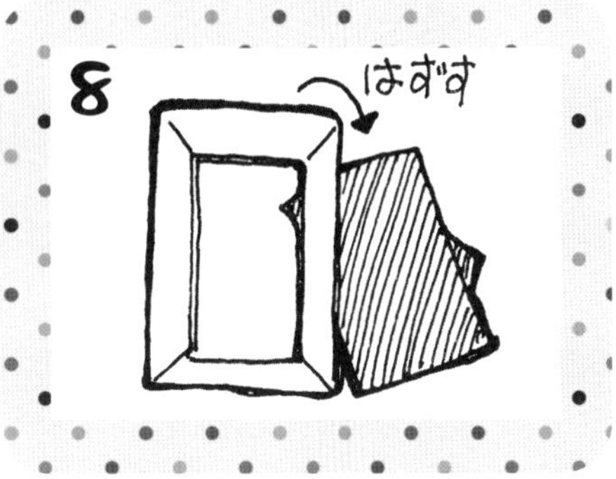

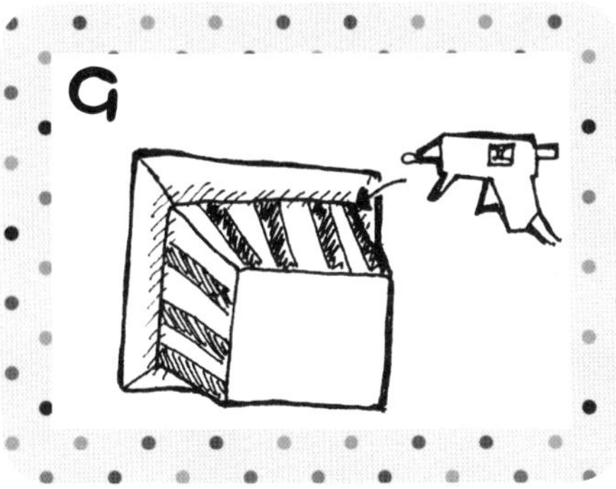

⑨箱と額をホットボンドでしっかりつける。

⑩写真の長い方を少し丸めるイメージで箱の内へ入れて、好きな小物を入れたらできあがり。

カッターやホットボンドはあぶないから かならずおとなのひとと いっしょにつかってね

空の下で写真をかざろう

おかしの箱に空の写真を貼って箱に麻ひもを通したら木製の洗濯バサミで止めるだけ。
カンタンだけど、こんなにおしゃれにできちゃうんです。

青空のアートボックス

むずかしさ ★★☆☆☆

ひつようなもの

- 大きめの箱
- 青空の写真（台紙よりひとまわり大きめのカラーコピー）
- 台紙
- 小さなせんたくばさみ×６コ
- 麻ひも
- のり
- 四つ目キリ
- 画用紙
- 外側用かざり紙
- 中に入れる写真や絵
- 中に入れる小物

ひとことメモ

靴の箱やおかしの空箱などを使ってカンタンに作れるフォトボックス。わからない所はP28「アートボックス」をみてね。

① 箱にキリで穴を空ける。

② 画用紙を内側にのりではり、もう一度キリで穴を空ける。

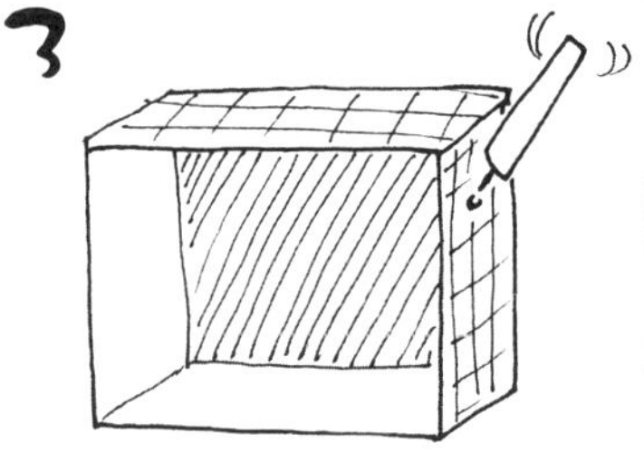

③ 箱の外側にかざり用の紙をはりもう一度キリで穴を空ける。

④ 箱の底に、青空の写真をはりつけた台紙をのりではる。

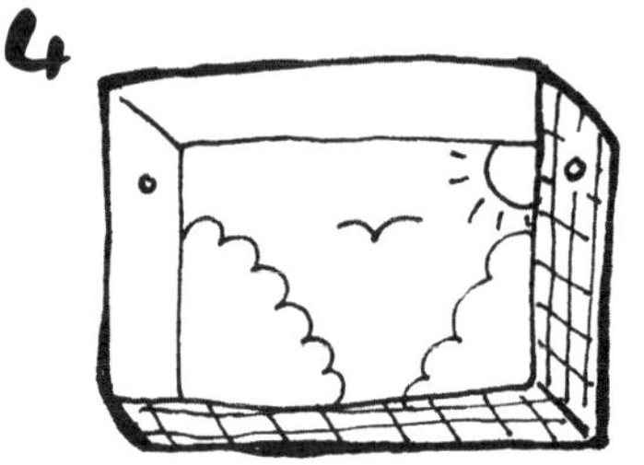

⑤ 穴に麻ひもを通して箱の外でしっかりむすぶ。

⑥ 麻ひもに洗たくばさみで写真をつるし小物をかざって、できあがり。

風景写真の素材

アートボックスを作るうえで、意外と苦労するのが素材の風景写真。
旅行やおでかけの時に撮っておいた写真でも、色がきれいに出ていなかったり、理想とちがっていたり……となかなかうまくいかないもの。
そんな時は家の中にあるもので代用してしまうのもひとつの手段です。
たとえばカレンダー。月が変われば破って捨ててしまうカレンダーには美しい風景写真が入っているものも数多くあります。
これらを切り取ってアートボックスの背景に再利用すれば、綺麗な景色の写真が手に入り、なおかつ写真を引きのばすカラーコピー代も浮いて、まさに一石二鳥なのです。
カレンダーの紙はほどほどの厚みがあって加工もしやすいのがさらによい点といえます。
もう使わないものを再利用して、あなただけのオリジナルグッズに華やかさを加えてみてはいかがでしょうか。

あの時の感動を忘れずに……

レースでかざりつけたアートボックスは、晴れやかな写真をかざるのに最適。
デコアートで華やかさをさらにアップ！

レースのアートボックス

むずかしさ ★★★☆☆

- 額縁（正方形）
- 箱（正方形）
- 内側用布（黒）
- 外側用布（白）
- ホットボンド
- ボンド
- のり
- 台紙
- レース（大）
- レース（小）
- 写真２枚

ひとことメモ

アートボックスシリーズにひと手間かけて大人なイメージに。

① 箱の内側に黒い布をはり、左右下半分にレース（大）をボンドではりつける。

② 台紙に黒い布をはり、レース（大）をまきこむようにボンドではりつける。箱の底にボンドでしっかりはりつける。

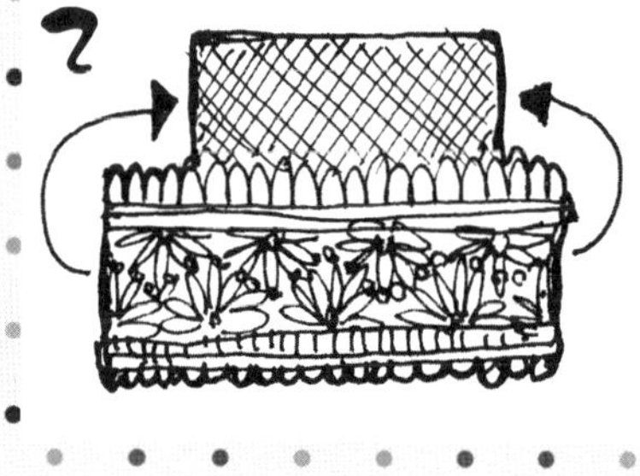

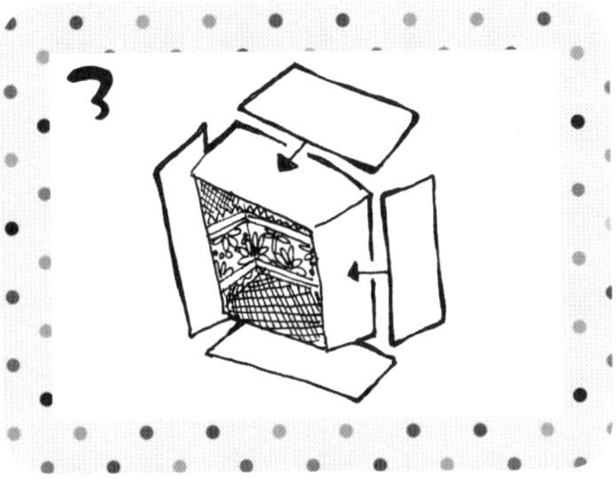

③ 外側用布（白）を箱の外側にはりつける。

④ 額の左右に内ワクの長さに切った白い布をくるむようにはりつける。

⑤ 額の長さよりも長く切った白い布を額の上下におき、内ワクのはばで切りこみを入れて、くるむようにはりつける。

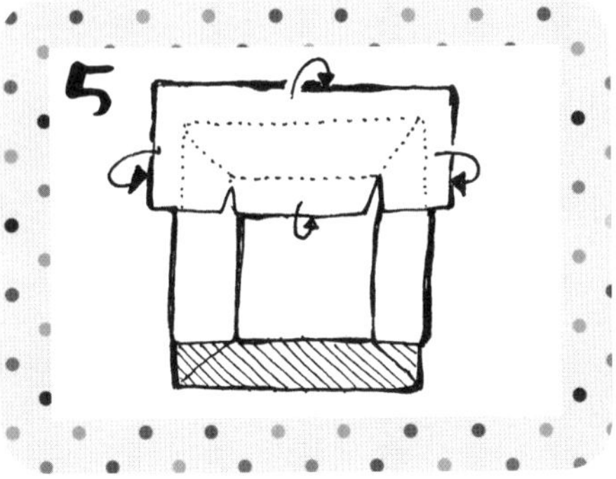

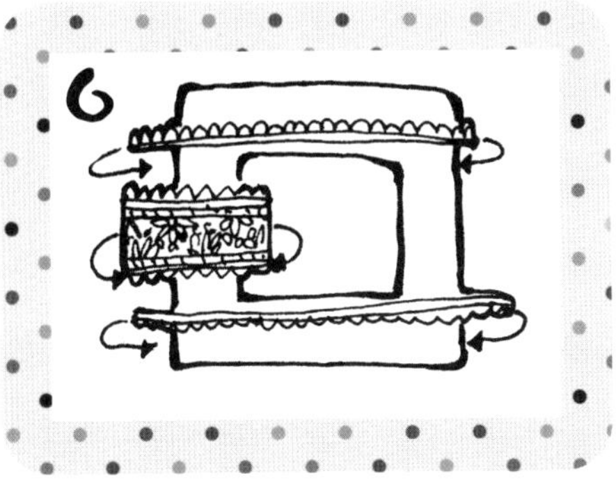

⑥ 左右にレース（大）を、内ワクの上下にレース（小）をボンドでしっかりはりつける。

⑦ バックになる写真をななめに入れ、人物写真を切りぬく。
うらにささえをつけて箱に入れたらできあがり。

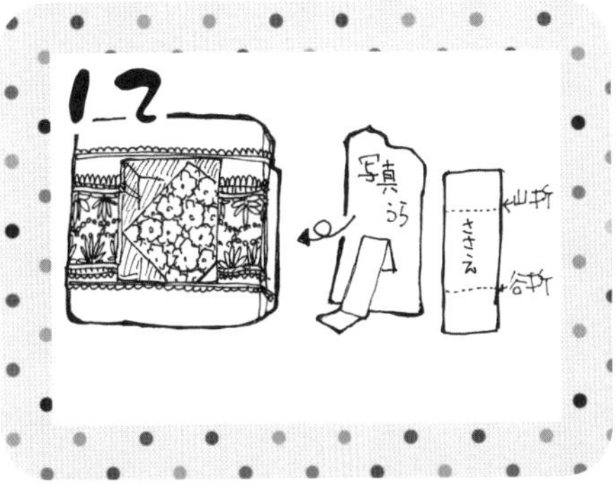

かんたん！　かわいい！
キャンバスアレンジアート

市販のキャンバスに、マスキングテープで写真や絵を自由に貼りつけるだけ。
それだけなのに、こんなにかわいいグッズになるんです。

キャンバスアート①

むずかしさ ★☆☆☆☆

ひつようなもの

- ●油絵用キャンバス
- ●マスキングテープ
- ●絵や写真、作品
- ●セロテープ

ひとことメモ

とってもかんたん！
なのにとってもかわいい！
いろいろアレンジしてみてね。

1

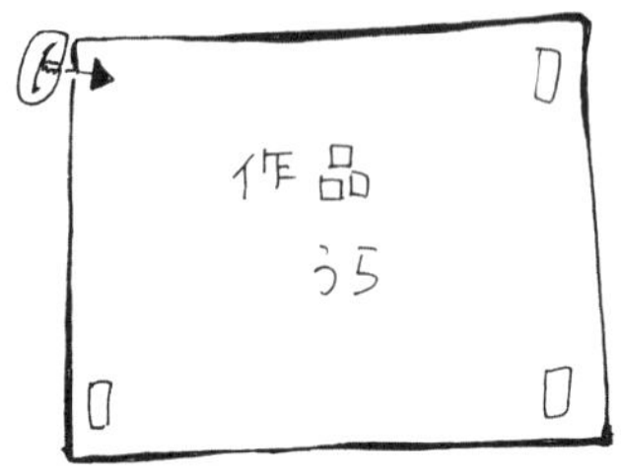

①小さく丸めたセロテープを作品のうらの４すみにつける。

②キャンバスの中心に作品がくるようにはる。

2

3

③マスキングテープをはってできあがり。

④大きめの写真や、ラインストーンを使ってかざってもステキです。

4

キャンバスアート②

ひつようなもの

- キャンバス
- マスキングテープ
- 旅行の写真や
  チケット

むずかしさ
★☆☆☆☆

ひとことメモ

ついついしまいこみがちな旅行写真。
おしゃれなカフェ風にインテリアに組みこんでみてはいかがでしょう？

①テープをつけずに写真をおいてバランスを見る。

②決まったらマスキングテープをはってゆく。

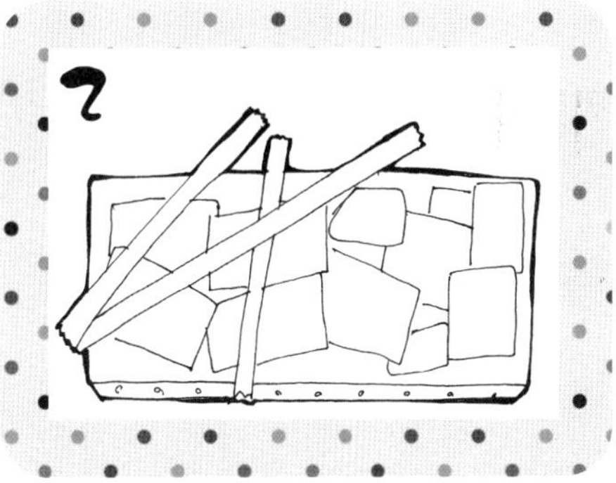

③１本のテープに写真を２～３枚かかるようにするとデザインしやすい。

④人物の顔や建物の中心などの上にテープがこないように気をつける。

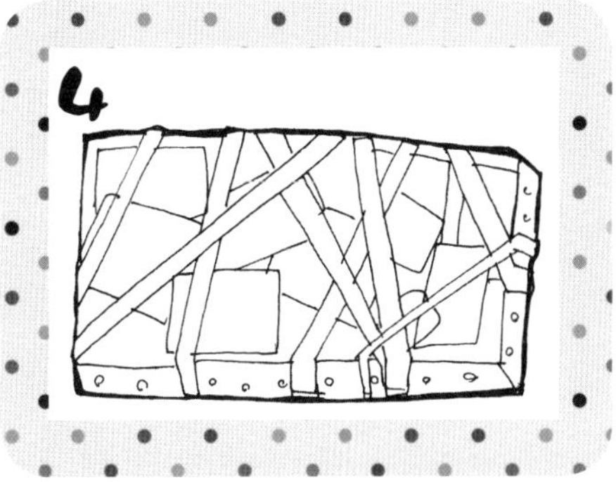

世界にひとつのアルバム

そのままでは味気ないフォトアルバムが、あなただけのオリジナルアルバムに生まれかわります。
モダンでいて、さりげなくレトロチック。
レースはそんな印象を与えてくれます。

布とレースのアルバム

ひつようなもの

- レースペーパー
- レース（細）
- アルバム
- 布（表紙用）
- 布（背表紙用）
- ボンド
- はさみ
- 写真

むずかしさ ★★★☆☆

ひとことメモ

どんな大きさのアルバムにも対応したアレンジです。表紙の写真はさしかえ可能！その日の気分で楽しんで。

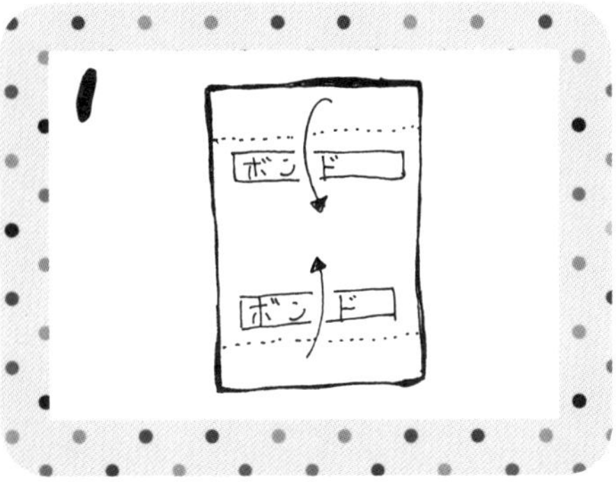

① 布を背表紙の大きさに2cmずつ大きくして切り、上下を2cm折りとめる。

② ボンドでアルバムにしっかりはる。

③ 表紙の布を表紙の大きさに2．5cmずつたして切る。

④写真をおいて型をとる。

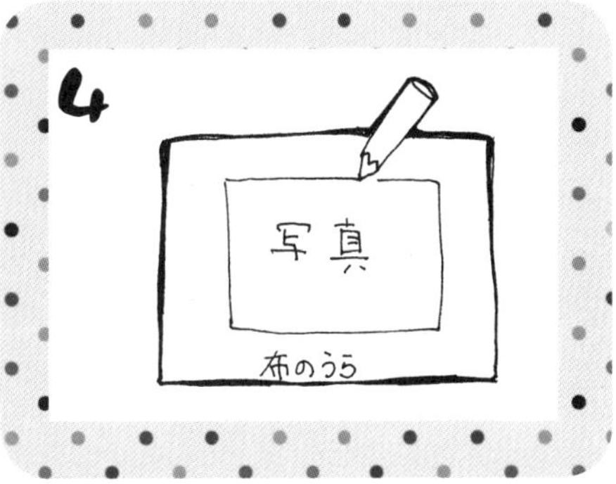

5

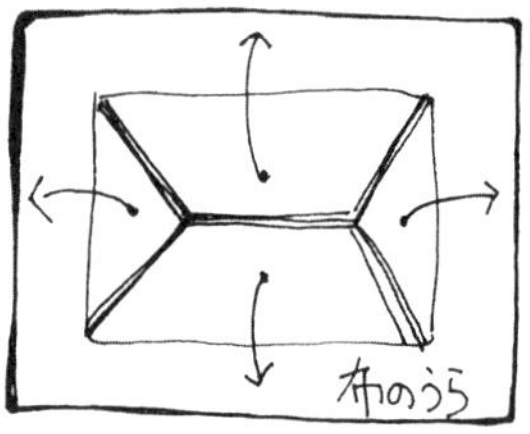

⑤ 図のようにに切りこみを入れ、うらに折りこんでボンドでとめる。

⑥ うらがわに表から見えるようにレースをはる。

6

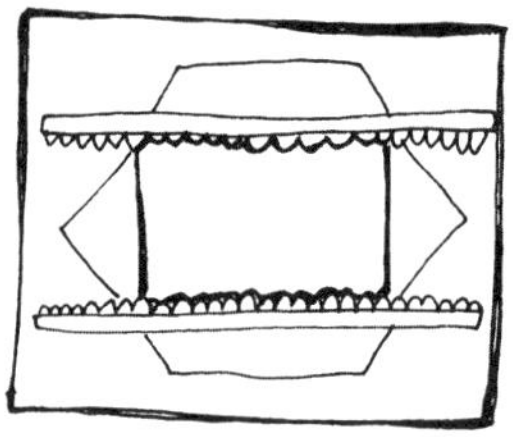

7

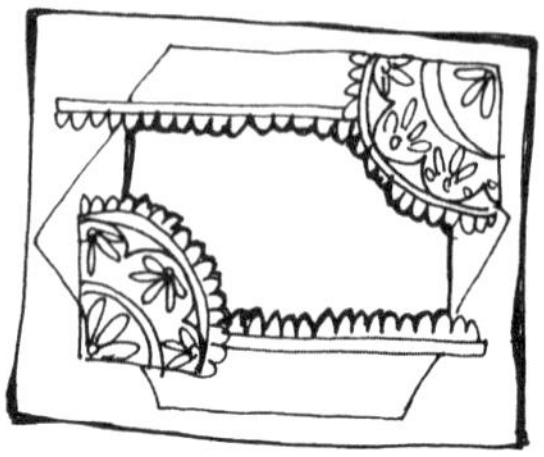

⑦ レースペーパーを1/4に切り、レースの上からボンドではる。

⑧ 右がわだけ折ってとめる。表から見えるようなら3つ折りに。

8

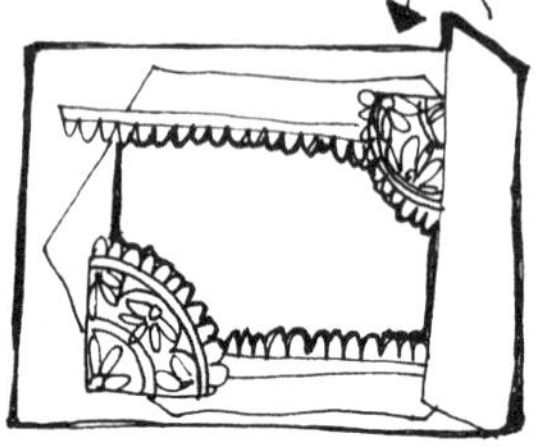

9

⑨ 折り返したところが背にくるようにおき、くるむようにボンドでとめる。

⑩ 写真をはり、布のはしをかくす。

10

11

⑪ うら表紙にレースとレースペーパーをのりづけする。

⑫ ポケットから写真を入れたらできあがり。

12

ブックカバー（基本形）

むずかしさ
★☆☆☆☆

ひつようなもの

- 大きな紙
- アルバム

ひとことメモ

どんな大きさのアルバムもきちんと対応。
なにかと便利なブックカバー

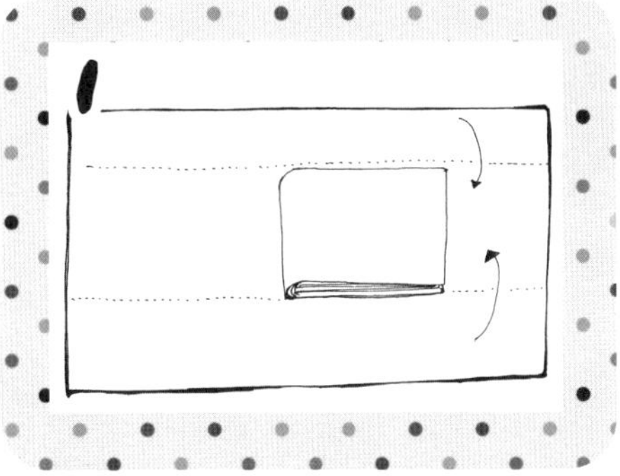

① 大きな紙の上にアルバムをのせ、アルバムの高さより少し大きめに折る。

②アルバムにそって紙をたたむ。

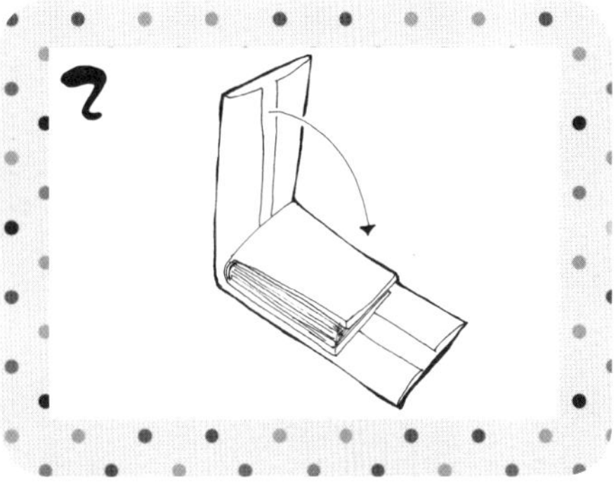

③左右とも折り目をつけておく。

④りょうがわを折り目にそって折る。アルバムを入れてできあがり。

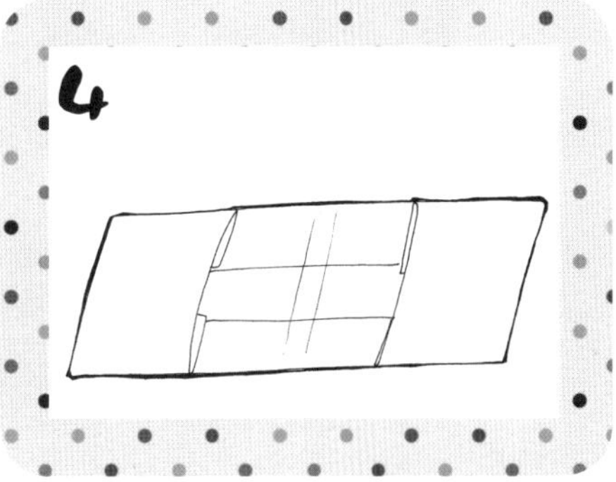

世界を旅する
オリジナルアルバム

アメリカ、イギリス、フランス、ロシア……
旅行の写真はそれぞれの国旗のアルバムに入れて、見た目もわかりやすく収納しましょう。

French Republic

United Kingdom
of Great Britain

United States
of America

Russia

国旗のアルバム（おもて）

ざいりょう
- ●のり
- ●はさみ
- ●色画用紙
- ●星のシール

①下の型紙をコピーして型通りに色画用紙を切る。

②白い台紙にのりではり、47ページのアルバムにはりこむ。アメリカを作る場合は星のシールを青い紙にはる。

アメリカ型紙

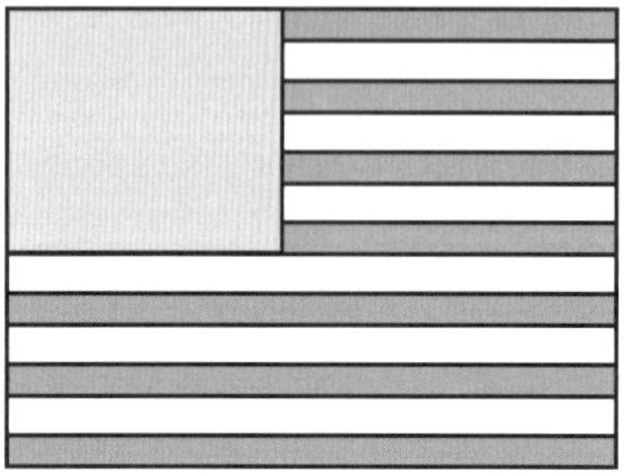

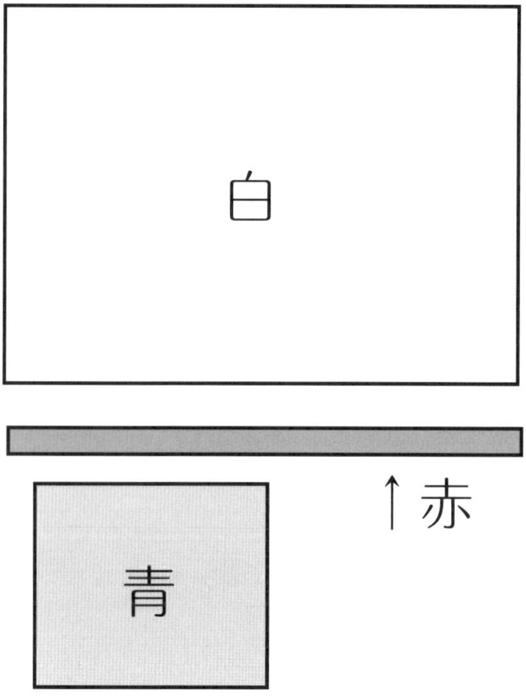

※デコレーションするアルバムの大きさに合わせてコピーしてください。

国旗のアルバム（うら）

③旅行中のチケットやレシートをカラーコピーで小さくする。

④カラーコピーを切り取ってのりではる。
かざりにマスキングをはって、できあがり。

ざいりょう
- のり
- はさみ
- 色画用紙
- テープ

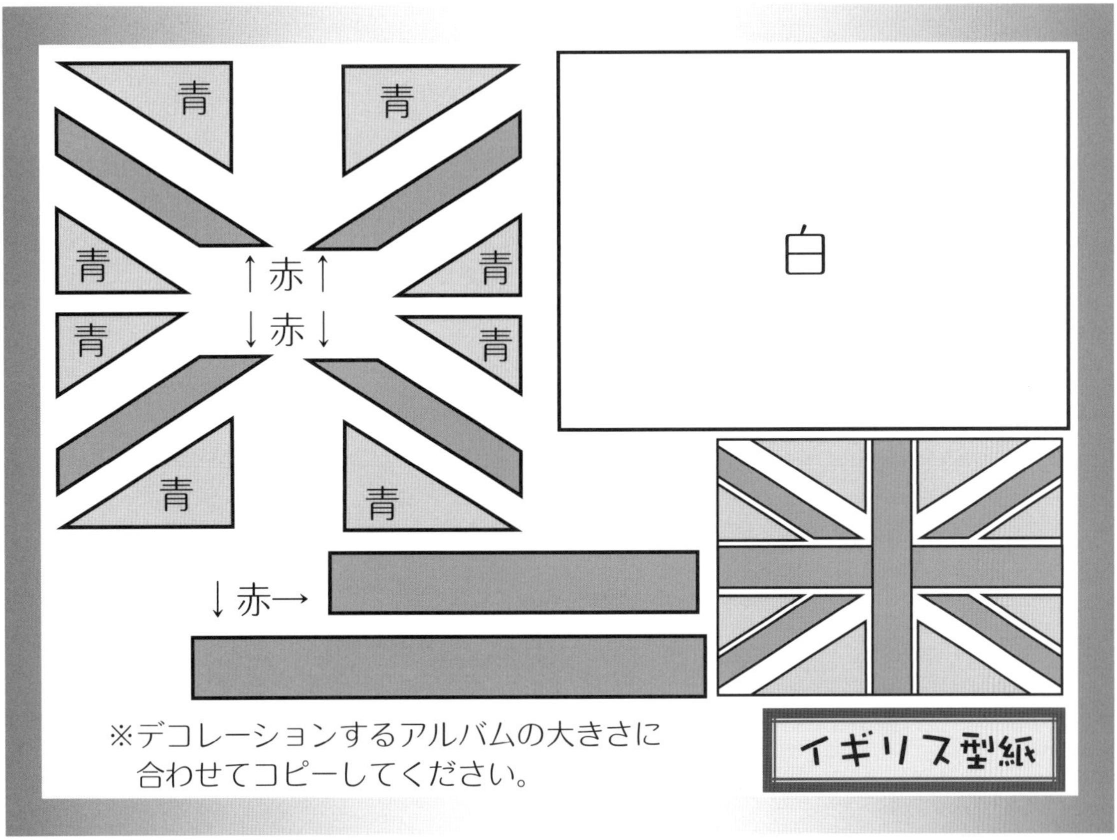

※デコレーションするアルバムの大きさに合わせてコピーしてください。

フランス型紙

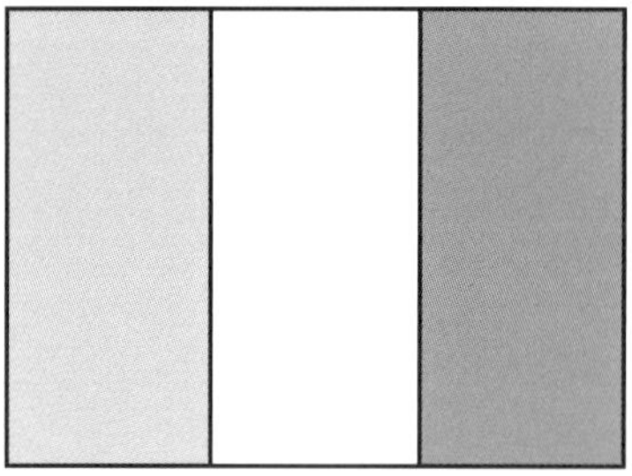

白

青

赤

※デコレーションするアルバムの大きさに
合わせてコピーしてください。

ロシア型紙

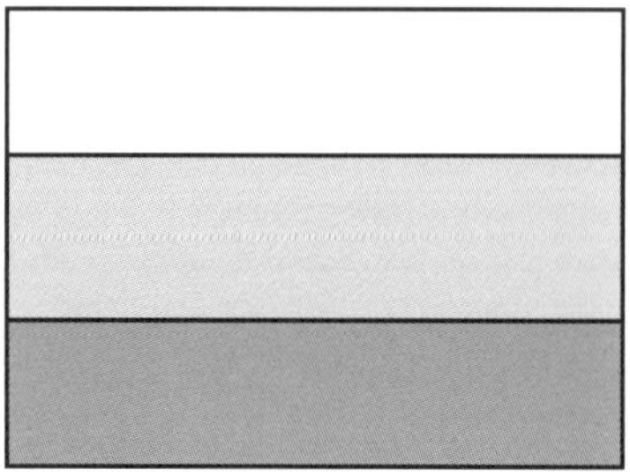

白

青

赤

※デコレーションする
アルバムの大きさに
合わせてコピーして
ください。

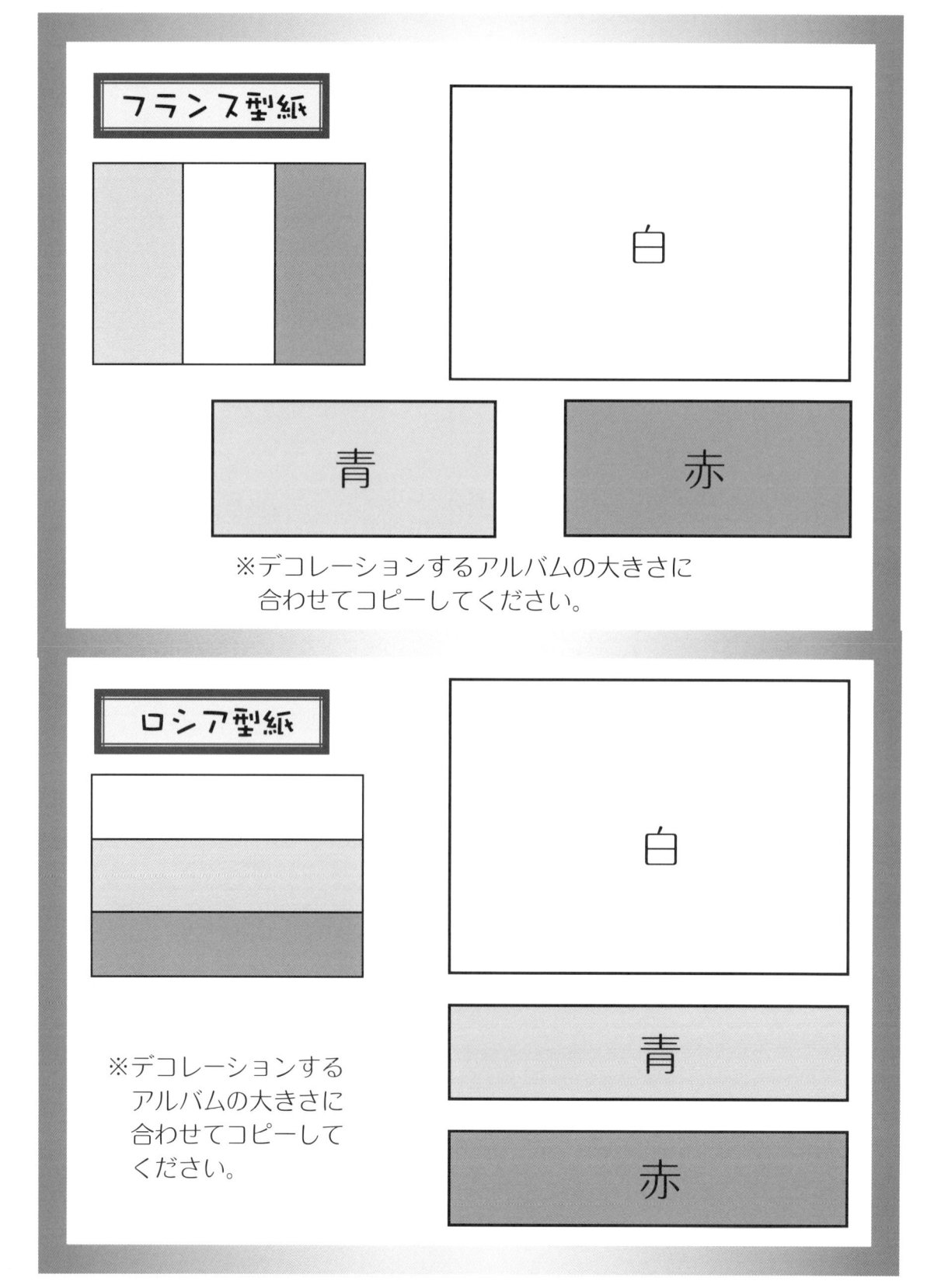

布を巻くだけでできる おしゃれなかべかざり

リースを使うのはクリスマスだけではありません。木の実やドライフラワーでオールシーズン使える壁かけを作ることもできるのです。
ここではかんたんな「布を巻くかざりかた」を紹介しましょう。

リースの写真かざり

むずかしさ ★★☆☆☆

ひつようなもの

- 布
- 枝のリース
- 額縁
- ボンド
- ホットボンド
- 写真
- フェルト
- はさみ

ひとことメモ

クリスマスじゃないリース。手でさいた布。いつもの素材の意外な一面が見られます。フェルトで作るマット台紙で高級感がUP。

① 布の端から2cmほどのところにはさみで切り込みを入れ、手で引きさく。

② リースの枝の間に①を入れ、ランダムに巻きつけてゆく。

③ ①と同じように作った布で、下にリボンむすびをつける。

④ 上に①で大きな輪を作り壁にかけられるようにする。

⑤ 額のうしろをはずす。ホットボンドで額をリースにつける。

⑥ フェルトのうらに写真の大きさを書きうつす。

⑦ 写真よりひとまわり小さな穴を開ける。切りはじめはフェルトを２つ折りにして穴を開けるとやりやすい。

⑧フェルトのマット台紙完成。

⑨ ⑤ではずした額部分に写真を軽くはる。

⑩ フェルトが写真に少しかかるようにボンドでつける。はみ出したところは、はさみで切る。

⑪写真を額におさめてできあがり。

マット台紙に使うフェルトの色によって雰囲気がかわるので、いろいろためしてみよう。

おいしそう？
シックなチョコレートデコレーション

思わず口に入れてしまいそうなチョコレート。
でもこれは、ねんどで作った「食べられないチョコレート」なんです。
花といっしょにフレームにかざって、ビターな世界を演出しましょう。

ビターチョコレートスタンド

むずかしさ ★★★★☆

ひつようなもの

- 額縁
- 写真
- ぞう花の花たば
- トレイ
- はさみ
- ホットボンド
- 樹脂ねんど（固形）
- 樹脂ねんど（ペースト）
- アクリル絵の具
- デコペンシル
- 紙ねんど
- 小さなタッパ
- まぜ棒

ひとことメモ

樹脂ねんどはかわくまでに時間がかかります。早く進みたいからと中途半端にかわかすのは失敗のもと。じっくりかわかして、かわいいチョコレートを作りましょう。

1

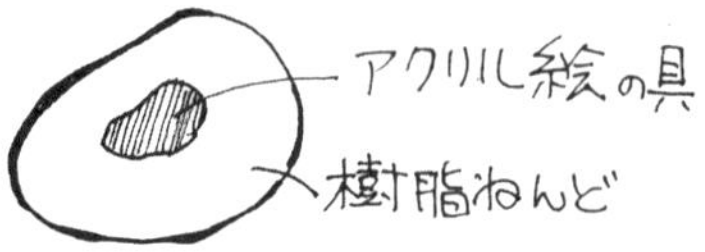

2

① 樹脂ねんど（固形）1/4 に、茶色のアクリル絵の具をまぜ、チョコ色にする。

② 樹脂ねんどをチョコの形にして、一晩かわかす。

3

4

③ 樹脂ねんど（ペースト）をタッパに入れ、アクリル絵の具で茶色にし、②にムラなくつけてトレイで一晩かわかす。

④ はみ出た部分をはさみで切る。

⑤デコペン（ねんど用）で好きなもようを入れてチョコレートのできあがり。

⑥紙ねんど少量を1㎝ほどのしずく形にし、つまようじでもようをつける。

⑦アクリル絵の具で茶色にぬる。かわいたらニスをぬりチョコレートの上に接着する。

⑧樹脂ねんどを長くのばし、うすく指でひろげて板状にする。

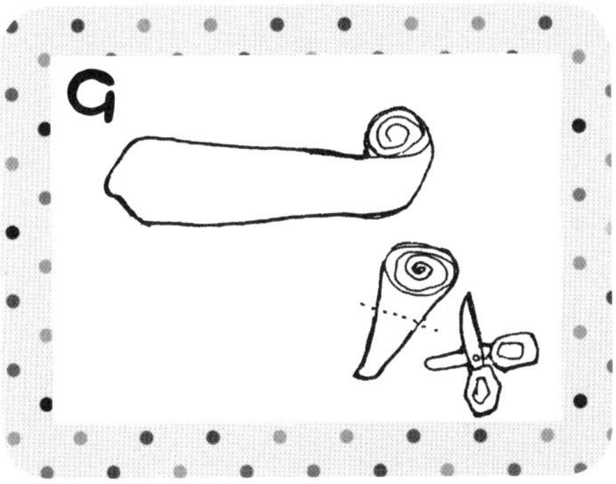

⑨はしからくるくる巻いて花びらにし、下のいらない所を切って、バラのできあがり。

⑩樹脂ねんど茶色と白をざっくりまぜ、平たくのばす。かわいたら切り、板チョコにする。

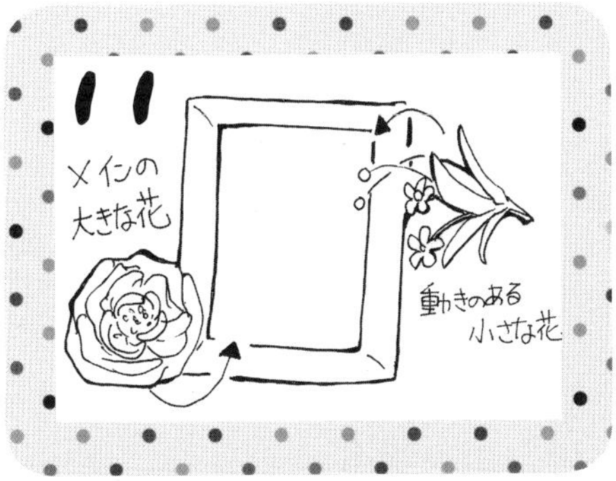

⑪ぞう花の花たばをばらし、バランスを見ながらホットボンドでつける。

⑫作ったチョコを額にホットボンドではりつけてできあがり。

羽とパールがポイントの
ゴシックデコレーション

ふわふわの羽と真珠はゴシックの象徴。
手軽に手に入る素材で、憧れの世界を
作ってみましょう。

羽とパールのフォトスタンド

むずかしさ ★★★☆☆

- 額縁
- 羽（マラボウ）
- パール
  （ビーズアクセ用）
- 紙ねんど
- ホットボンド

ひとことメモ

マラボウとは大型コウノトリの羽毛のこと。大型手芸店などでとりあつかっています。

1

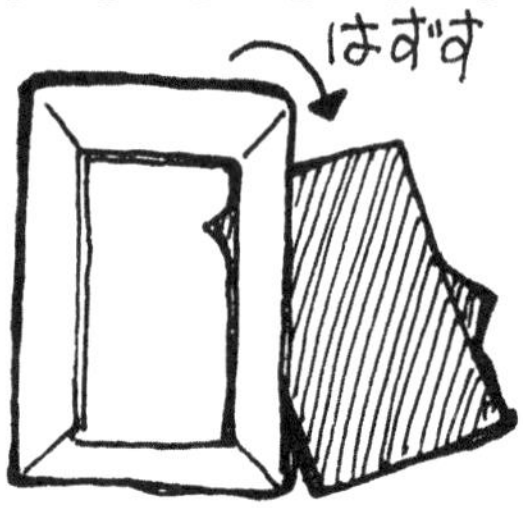

① 額の後ろの板をはずす。

② 紙ねんどで額全体をくるんで、ひとばんかわかす。

2

3

③ 羽が何枚かついている時は1枚1枚にばらしておく。

④ パールをひもからはずして、なくさないように小さな箱に入れておく。

4

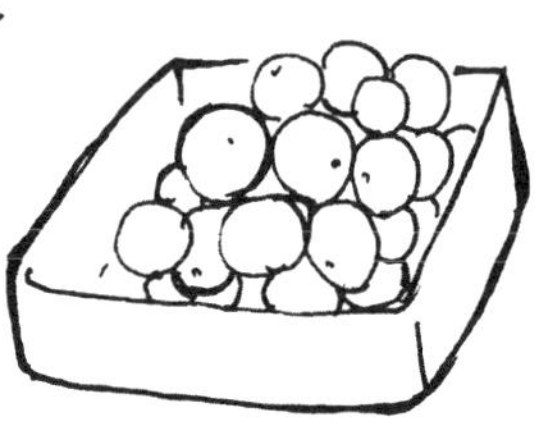

5

⑤ ポイントになる場所にホットボンドで羽をつけていく。

6

⑥ パールは糸を通す穴があいているので、この穴が目立たないようにつける。

7

⑦ パールをバランスを見ながらホットボンドでつける。

8

⑧ すき間を羽でうめて写真を入れてできあがり。

ねんどのちがい

「ねんど」とひとことで言っても、千差万別。それぞれに特性があり、使い方・仕上がりもちがいます。一番身近な油ねんどは、空気にふれても固まりませんが、何度も遊んだり、型をとるのに向いています。紙ねんどは名前のとおり紙（パルプ）が原料で、近年では綿のように軽いものもあります。

その中で、はじめての人でも比較的あつかいやすいのが樹脂ねんど。きめが細かく、うすくのばせることから、スイーツデコ作りには最適といえます。

チョコレートやキャンディなど、どっしりとしたイメージのものを作るときは、密度の濃い「モデナ」「グレイス」などを、クッキー・マカロンなど、空気を含んだ雰囲気のものを作りたいときは軽量樹脂ねんど「ハーティークレイ」などを使用するとよいでしょう。

ねんどで何かを作るときは、どのねんどの特性に合っているか、よく観察してから作りはじめると、よりよいものができあがります。

クリームたっぷり！
食べたくなっちゃうお菓子のスタンド

近年大流行のスイーツデコ。
ミニチュアのお菓子たちは見ているだけで幸せな気分になります。
それらをフォトスタンドに盛りつけて、
かわいいスイーツデコフォトスタンドを作ってみましょう。

マカロン

むずかしさ ★★★☆☆

ひつようなもの

- 軽量樹脂ねんど
- アクリル絵の具
- ホイップねんど
- つまようじ
- カッター
- しあげニス（半透明）
- ふで
- 丸い型ぬき

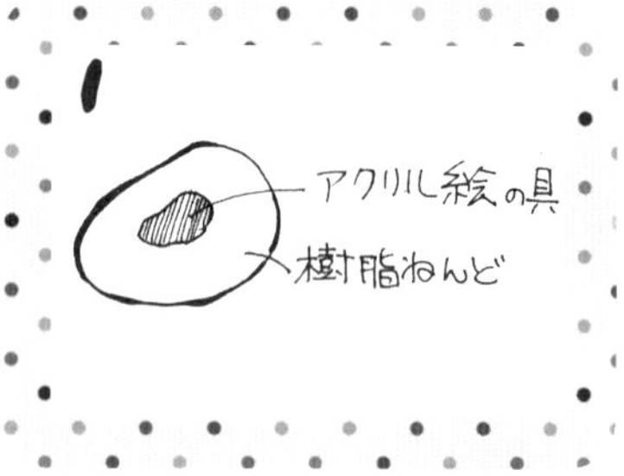

樹脂ねんどに、好みの色の絵の具をまぜる。

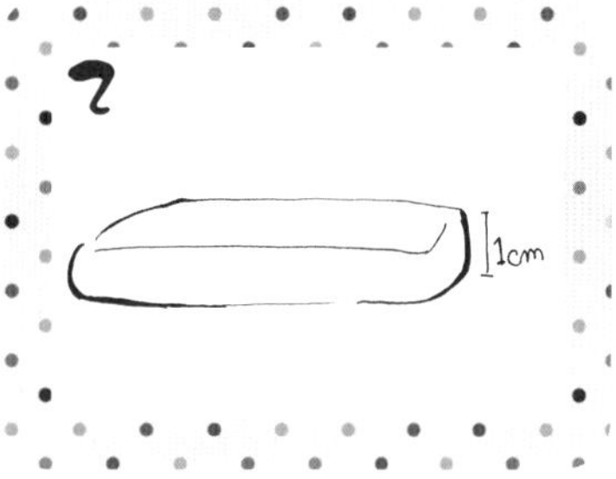

めんぼうで約 1 cm ほどの厚さにのばす。

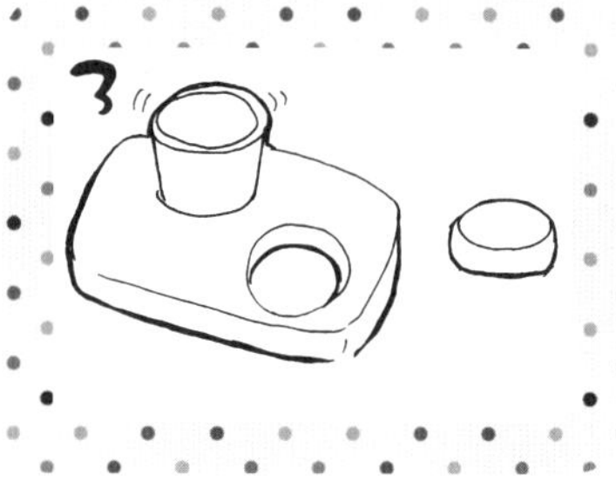

丸い型でていねいに 2 枚抜く。

側面にカッターで切りこみをうすく 2 本入れる。

つまようじで切りこみをほぐし、焼いた感じを出す。

一晩乾かし、2 枚をホイップねんどをはさんでかさねる。

完全に乾いたら、表面に半透明のニスをぬり、できあがり。

カップケーキ

ひつようなもの

- 軽量樹脂ねんど
- アクリル絵の具
- ホイップねんど
- 歯ブラシ
- スポンジ
- ねんど用のデコペン（各種）
- アルミカップ（小）

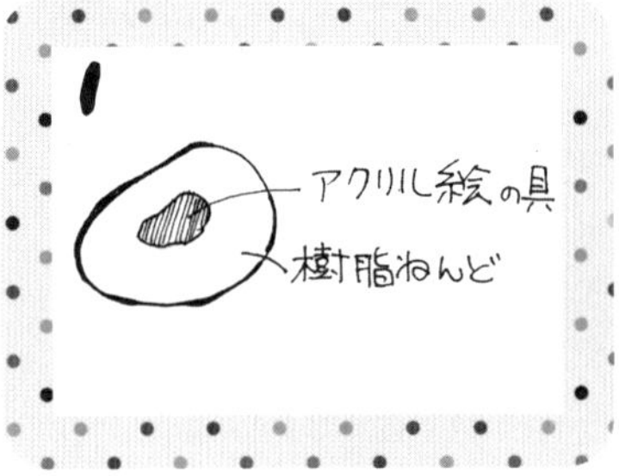

樹脂ねんどに薄茶色の絵の具をまぜる。

アルミカップの大きさに合わせて丸める。

表面を歯ブラシで軽く叩いて、一晩かわかす。

絵の具（茶）をつけたスポンジで軽く叩き、焼き色をつける。

お好みで市販のデコペンやホイップねんどを使ってかざる。

ホットケーキ

むずかしさ ★★☆☆☆

ひつようなもの

- 軽量樹脂ねんど
- アクリル絵の具
- 樹脂ねんど
- カッター
- スポンジ
- ねんど用のデコペン（黄色）
- ガラス絵の具（黄色）
- 丸い型ぬき

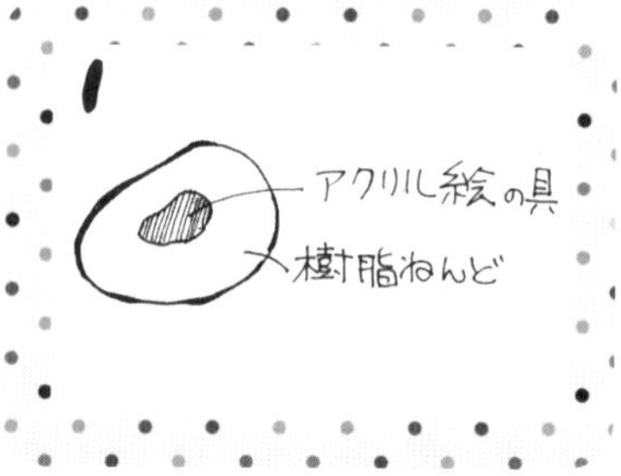

樹脂ねんどに薄茶色の絵の具をまぜる。

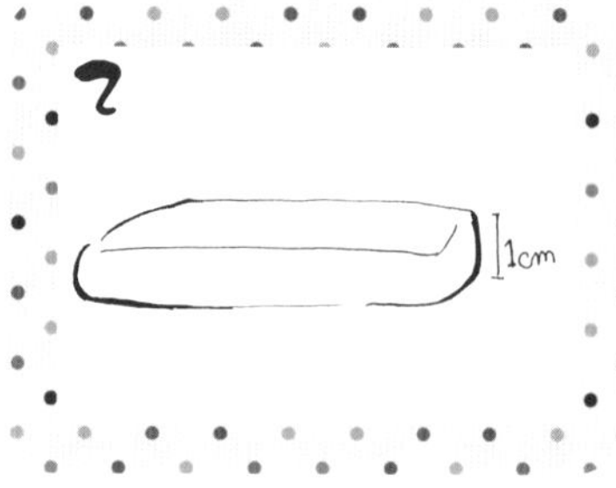

めんぼうで約 1 cm ほどの厚さにのばす。

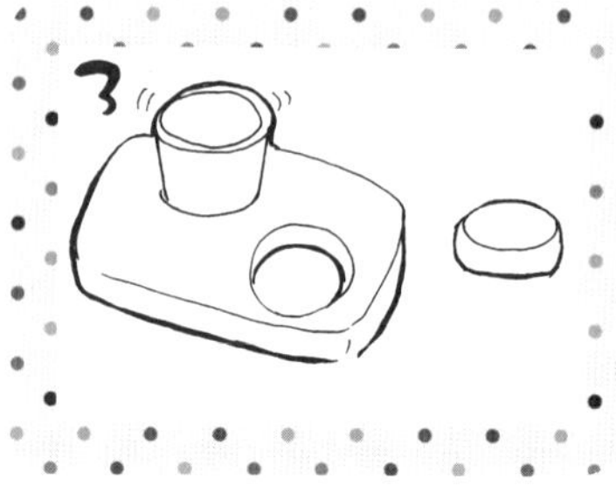

丸い型でていねいに 2 枚ぬく。

側面にカッターで何本か切りこみを入れて、かわかす。

絵の具（茶）をつけたスポンジで軽く叩き、焼き色をつける。

ねんどを黄色で色づけて形を整え、木工用ボンドでとめる。

黄色いデコペンまたはガラス絵の具で、溶かしバターを作る。

アイスクリーム

ひつようなもの

- 軽量樹脂ねんど
- アクリル絵の具
- ふで
- 歯ブラシ
- ベビーオイル
- 計量スプーン
（専用のものを作るとよい）

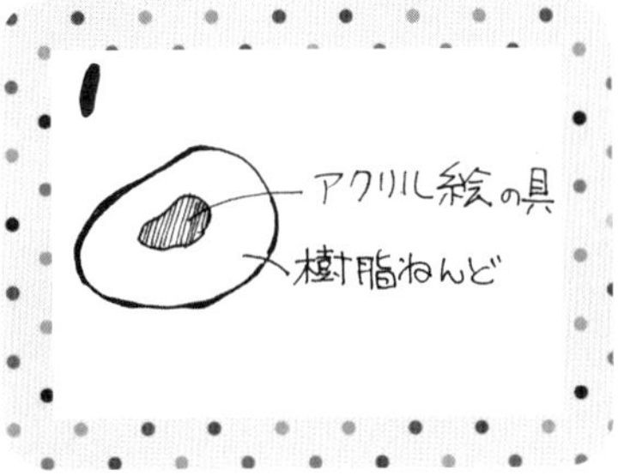

樹脂ねんどに、好みの色の絵の具をまぜる。

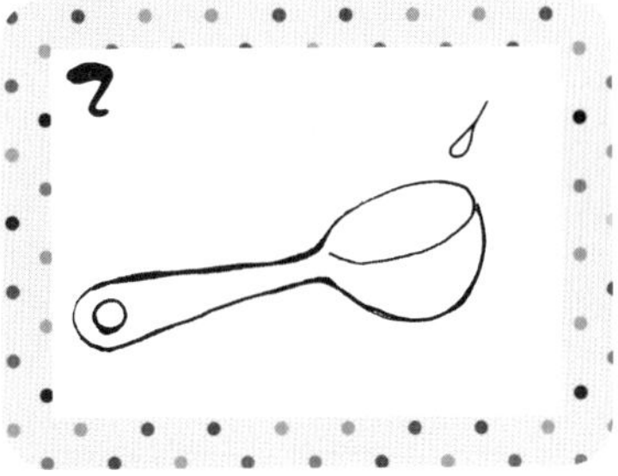

計量スプーンにベビーオイルをぬっておく。

軽量スプーンにつめて型どりする。

外すとドーム状になっている。

表面を歯ブラシで軽く叩いて、一晩かわかす。

かわいたらニスをぬる。

ココアクリームビスケット

むずかしさ
★★★☆☆

ひつようなもの

- 軽量樹脂ねんど
- アクリル絵の具
- ホイップねんど
- カッター
- 丸形のもようのスタンプ
- 丸い型ぬき

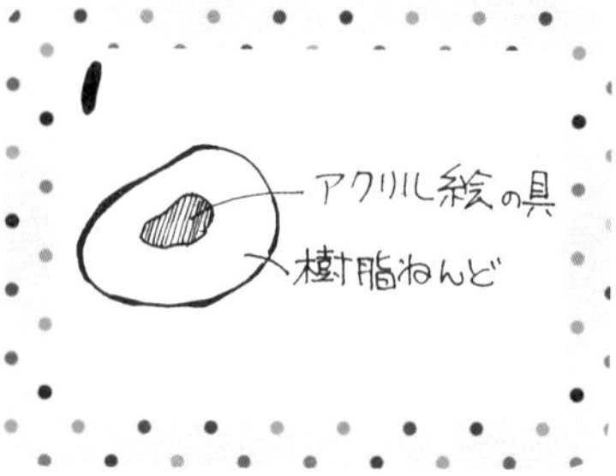

樹脂ねんどに薄茶色の絵の具をまぜる。

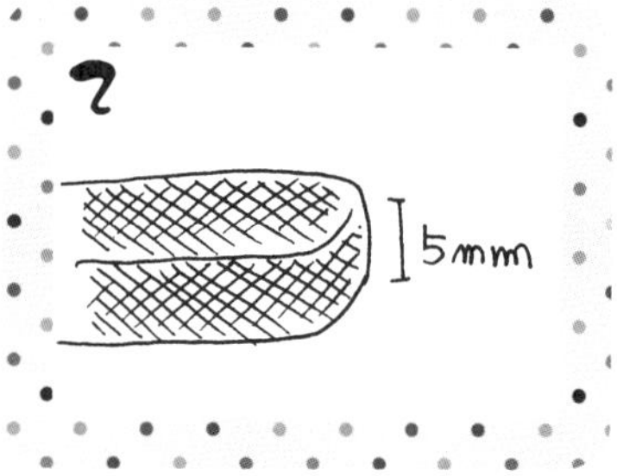

めんぼうで約 5mm ほどの厚さにのばす。

丸い型でていねいに 2 枚抜く。

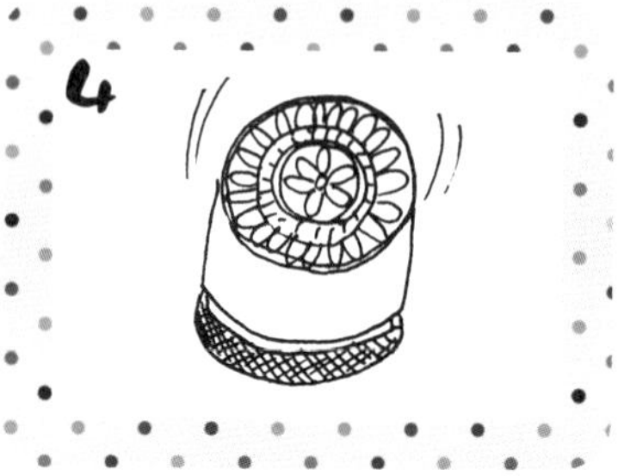

スタンプで表面にもようをつける。

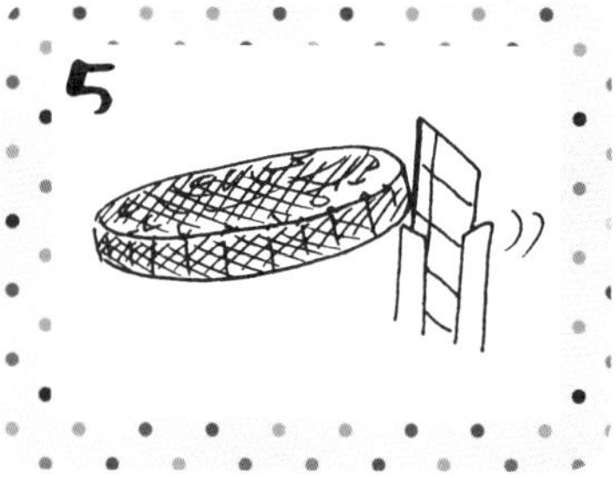

側面に切りこみをたてに入れ、ビスケットのもようを出す。

かわいたら、ホイップねんどをはさんで、さらにかわかす。

ワッフル

ひつようなもの

- 軽量樹脂ねんど
- アクリル絵の具
- スポンジ
- 5mm 角の棒（アクリル製が望ましい）

樹脂ねんどに薄茶色の絵の具をまぜる。

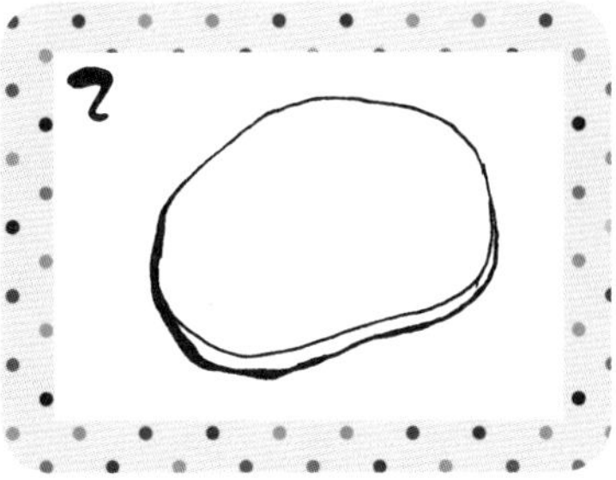

手で押して平たくする。

5mm 角の棒を用意し、表面を規則正しく押す。

ワッフルらしい跡をつけてゆく。一晩置いてかわかす。

絵の具（茶）をつけたスポンジで軽く叩き、焼き色をつける。

いちご＆ラズベリー

むずかしさ ★★★★☆

ひつようなもの

- 軽量樹脂ねんど
- アクリル絵の具
- ふで
- ガラス絵の具（赤）
- カッター

ピンク色のねんどをしずく型の棒状にのばし、一晩かわかす。

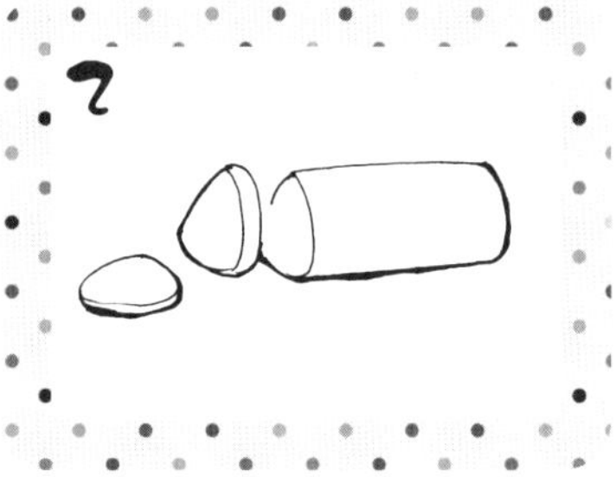

かわいたらカッターで薄切りにする。

白い絵の具でむらがあるようにぬり、いちごの内面を描く。

ねんどで小さな玉を 10 個ほど作る。

ねんどがかわかないうちに、玉をくっつけて、一つの玉にする。

一晩かわかし、ガラス絵の具の赤をぬり、もう一度かわいたらできあがり。

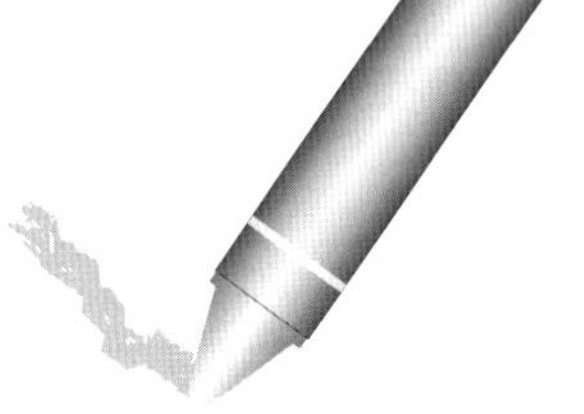

スイーツデコ フォトスタンド

むずかしさ ★★★★★

ひつようなもの

- ●額縁
- ●アクリル絵の具
- ●ホイップねんど
- ●ラインストーン
- ●木工用ボンド

ひとことメモ

センスと根気が物を言うデコレーションですが、できあがりの達成感も五つ星！ぜひ家族みんなでチャレンジしてみて下さい。

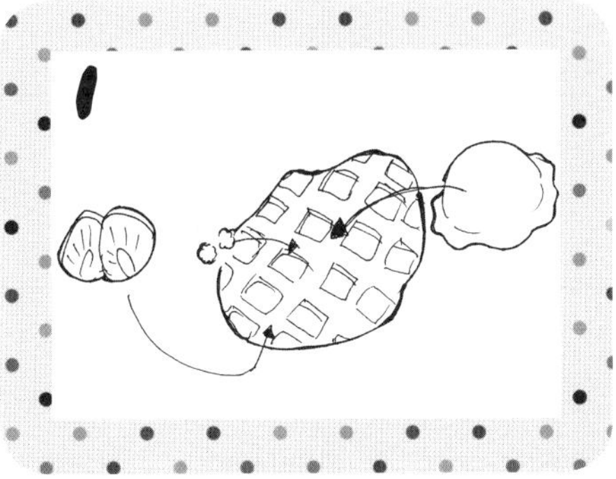

① 73 ページで作ったワッフルにいちご、アイスクリーム、ラズベリーを乗せる。

② ホイップねんどでかざる。

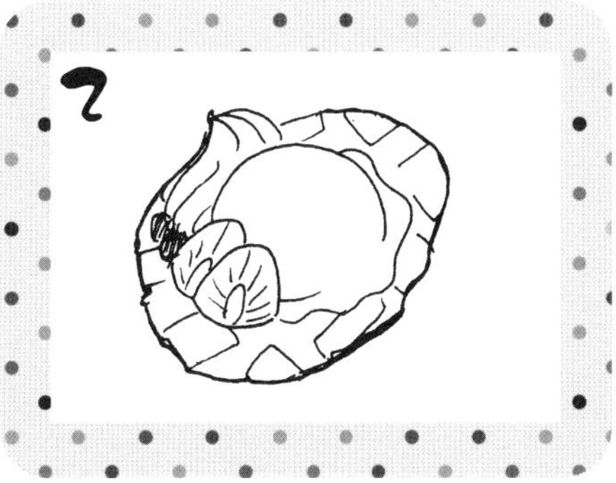

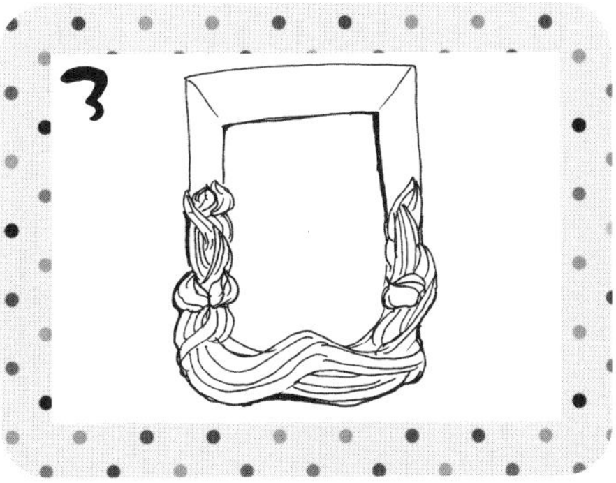

③ 額の下半分をホイップねんどでかざる。

④ ホイップねんどは一番下に厚みをつけておくとこの後使いやすい。

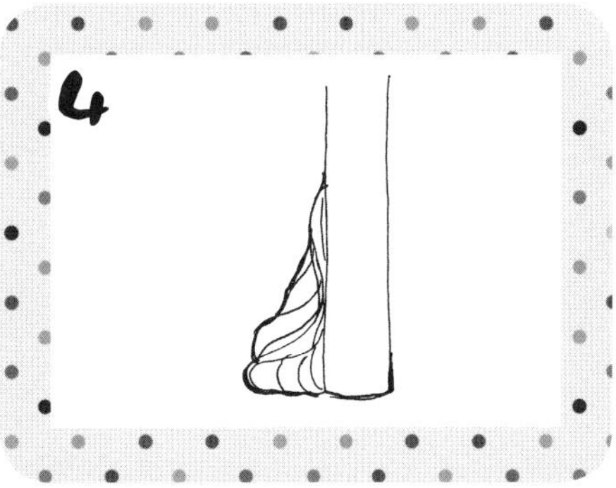

⑤ ホイップがかわく前に、前ページで作ったデコスイーツを埋めてゆく。

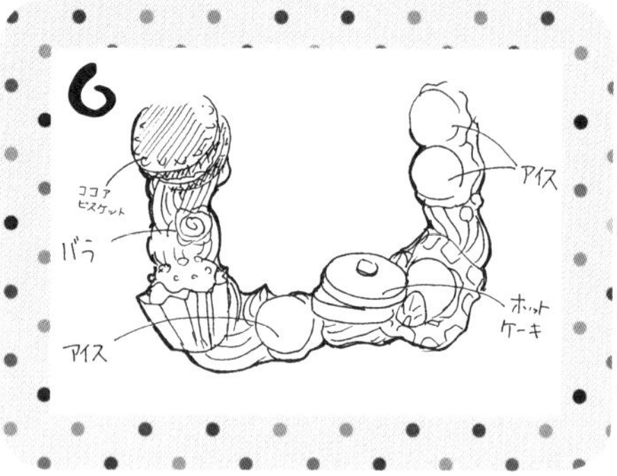

⑥ 大きなものからバランスを見ながら埋めていこう。

⑦ 半端にあまってしまった場所はホイップで角を作るか、ラインストーン、バラ、ラズベリーなどで埋める。

⑧ 右上にマカロンをボンドでつけてできあがり！

ホットボンド（グルーガン）には色つきのグルースティックもあります。
それをソースにみたててスイーツデコに使用するやりかたもあります。
いろいろな素材をつかってかわいいデコレーションを作ってね！

※ホットボンドは熱くなるので、かならず大人の人といっしょに使いましょう。

◆あずまかおる◆
日本児童教育専門学校絵本科卒。児童館の児童厚生員を経て、東京都「おおた文化の森」にて「子ども絵画教室」を開講、好評を博す。講談社、キングレコードなどのイラスト、絵本カットで活躍。主な作品は「介護がラクになる魔法の言葉」(大誠社)、「ひとつだねパンづくり」「自分を磨くマナー術完全奥義」「へんな婚活」(以上 北辰堂出版)のイラストなど多数。

◆イラスト …… あずまかおる

◆デザインアシスタント ……小島由美子／野間美幸

◆撮影協力 ……エバグリーン

親子で楽しむ！
思い出アートデコレーション

2010年7月10日 初版発行

著者/ あずまかおる

発行者/ 小出千春

発行所/ 北辰堂出版株式会社

〒162-0801 東京都新宿区山吹町364

TEL:03-3269-8131/FAX:03-3269-8140

http://www.hokushindo.com/

印刷製本/勇進印刷株式会社

ISBN978-4-86427-000-7

絶賛発売中!!

あのなつかしいメロディーを聴いて旅に出よう!!

感傷旅行❶ 童謡・唱歌の旅

全15曲のメロディー入りCDつき

故郷、紅葉、朧月夜、赤い靴、里の秋、叱られて、七つの子、冬景色、この道、砂山、赤とんぼ、夕焼小焼、みかんの花咲く丘、青い眼の人形、揺籃の歌――15曲入りCDつき。信州・豊田村、福岡・柳川、茨城・磯原など童謡のふるさとをたずねる旅ガイドも満載!!

感傷旅行❷ にっぽんの名曲を旅する1

全12曲のメロディー入りCDつき

知床旅情、北上夜曲、青葉城恋唄、荒城の月、夏の思い出、花、城ヶ島の雨、早春賦、惜別の歌、椰子の実、琵琶湖周航の歌、宵待草 ――12曲入りCDつき。知床、会津若松、仙台、尾瀬、城ヶ島、松本、琵琶湖、伊良湖岬など旅のガイドも満載!!

感傷旅行❸ 愛唱歌の舞台を歩く

全12曲のメロディー入りCDつき

襟裳岬、恋の町札幌、石狩挽歌、津軽海峡・冬景色、ブルーライトヨコハマ、よこはま・たそがれ、北国の春、奥飛騨慕情、瀬戸の花嫁、長崎は今日も雨だった、わたしの城下町、見上げてごらん夜の星 ―― 12曲入りCDつき。知床、会津若松、仙台、尾瀬など旅のガイドも満載!!

各B5変型　定価2625円(税込)